U0513400

盛继洪 主编

北京市
促进民营经济
发展研究

RESEARCH ON PROMOTING
THE PRIVATE ECONOMY IN BEIJING

社会科学文献出版社
SOCIAL SCIENCES ACADEMIC PRESS (CHINA)

编委会

主　编：盛继洪

副主编：鹿春江　安　红　张　燕

编　委：（以姓氏笔画排序）

于晓静　马序松　王世松　王安琪

王素荣　石云鸣　吕天泽　安　红

李　好　吴玲玲　张　文　张　燕

张秉华　张晓冰　郝国信　柴建民

徐唯燊　曹建楠　盛继洪　鹿春江

董　方　黎念青

组织编写单位

首都社会经济发展研究所

北京市决策学学会

北京决策研究基地

前　言

改革开放40多年来，民营企业蓬勃发展，民营经济从小到大、由弱变强，在稳定增长、促进创新、增加就业、改善民生等方面发挥了重要作用，成为推动经济社会发展的重要力量。然而，一段时间以来，社会上出现了一些否定、怀疑民营经济的言论，如所谓的"民营经济离场论""新公私合营论"等；一些民营企业在内外部因素、主客观原因等多重矛盾的影响下在经营发展中出现了不少困难和问题；2020年的新冠肺炎疫情也对民营经济造成了不同程度的冲击。

为促进民营经济发展，坚定民营企业家信心，习近平总书记在多个场合肯定我国民营经济的重要地位和作用，多次重申坚持基本经济制度，坚持"两个毫不动摇"，并提出了若干支持民营经济发展壮大的重大政策举措。北京市委书记蔡奇也强调要坚持"两个毫不动摇"，持续优化营商环境，鼓励支持民营经济繁荣发展。

为更好地贯彻落实党中央和北京市促进北京民营经济发展有关政策要求，摸清民营经济发展需求，我们联合北京市相关单位的决策研究人员，组成编写组，撰写完成《北京市促进民营经济发展研究》一书，以供相关部门决策参考。本书前五章分别从文化产业类、金融类、生活性服务类、高精尖制造类、科技服务类五个领域，对促进民营经济发展进行了研究。第六章和第七章分别从民营经济创新发展、疫情防控常态化时期民营经济发展方面进行了研究。最后三章选取了东城区、朝阳区和海淀区作为典型，对区级层面促进民营经济发展进行了研究。

本书组织编写单位为首都社会经济发展研究所、北京市决策学学会、北京决策研究基地。主编为首都社会经济发展研究所所长盛继洪同志。

各章作者详列如下：

第一章，吴玲玲（首都社会经济发展研究所）。

第二章，徐唯燊（首都社会经济发展研究所）。

第三章，张　文（首都社会经济发展研究所）。

第四章，董　方（首都社会经济发展研究所）。

第五章，李　好（首都社会经济发展研究所）。

第六章，唐　宁（北京市工商业联合会）。

第七章，石云鸣（中共北京市委党校）。

第八章，北京市东城区工商业联合会。

第九章，北京市朝阳区工商业联合会。

第十章，卢克玉、李海龙、周宇衎（北京市海淀区工商业联合会）。

本书由盛继洪、鹿春江、吴玲玲、徐唯燊、张文、董方、李好、吕天泽审阅和修改。由于研究内容较丰富，出版周期较长，书中所列作者和领导的单位、职务有的已经发生变化，为反映工作的真实情况，现均按交稿时的情况确定，有不妥之处，敬请谅解。

目　录

第一章 数字时代促进北京市民营互联网文化企业发展研究

民营互联网文化企业是在政策红利、技术进步、需求扩大等多重因素推动下应运而生、生产精神产品的企业群体。随着信息技术的发展，近十年来文化产业内部结构发生了重大变化，传统文化领域受到冲击，开始转型。以互联网为依托的数字文化产业成为主流，催生了网络游戏、网络文学、网络音乐、网络视频、网络直播、网络综艺、知识付费等新业态，推动民营互联网文化企业"从蹒跚起步到纵深推进"，逐步成长为北京文化产业的重要力量。近年，随着移动互联网流量红利的逐渐衰竭，许多民营互联网文化企业净利润增速放缓，竞争加剧，文化产业进入了互联网第二阶段。2020 年，大数据、人工智能、5G、区块链等智能化技术将继续改变文化产业的生态，在 C 端与 B 端拥有广泛的应用场景，这给民营互联网文化企业带来新的机遇和挑战。为了更好地推动民营文化企业发展，本书通过查阅资料、开展实地调研、与部门和企业座谈等形式，梳理了文化产业的数字化变革，研究了民营文化企业面临的问题，进而提出了推动民营互联网文化企业发展的相关对策。

第一节 数字时代的文化产业变革

一 数字经济和数字文化产业的概念

1996 年，唐·泰普斯科特（Don Tapscott）在《数字经济：智能网络时代的希望与隐忧》中论述了互联网对经济的影响，首次提出"数字经济"的概念。此后，数字经济蓬勃发展并不断升温，引起不同国家、机构以及学者的研究兴趣。最初美国、日本等国对数字经济的界定多聚焦电子领域，后扩展到布局数字经济战略，目前全球 30 多个国家相继制定了有关数字经济的发展规划，如《数字英国》（2009 年）、《数字德国》（2010 年）、《数字法国》（2015 年）等。从对相关研究及文献的梳理，可以看出数字经济的定义有差异也有交叉，但基本意义指向是一致的，体现的是数字化技术带来的变化，即数字经济是数字时代，研究将数字技术、互联网技术作为新型生产要素投入社会生产，提高行业生产效率，以促进高质量发展和满足人民美好生活需要的经济形态。2019 年 5 月发布的《数字中国建设发展报告》（2018 年）显示，2018 年我国数字经济规模达 31.3 万亿元，占 GDP 的比重达 34.8%。

数字文化产业是数字经济与文化产业相融合的产物，将数字技术作为新型经济生产要素，贯穿文化生产、传播、消费等各环节。2016 年 12 月，国务院在《"十三五"国家战略性新兴产业发展规划》中明确提出，以数字技术和先进理念推动文化创意与创新设计等产业加快发展，促进文化科技深度融合、相关产业相互渗透。到 2020 年，形成文化引领、技术先进、链条完整的数字创意产业发展格局，相关行业产值规模达到 8 万亿元。2017 年，文化部《关于推动数字文化产业创新发展的指导意见》首次明确了数字文化产业的概念，即数字文化产业是以文化创意内容为核心，依托数字技术进行创作、生产、传播和服务，呈现技术更迭快、生产数字化、传播网络化和消费个性化等特点，并从数字文化产业创新发展的总体要求、发展方向、重点领域，建立新生态体系，加大政策保障力度等方面提出了相应措施。

二　数字文化产业的发展演变

1994 年中国正式进入互联网时代，其后 3G 市场的开放、IPTV 等相关技术的成熟以及社会生活的互联网化，加快了数字经济对文化产业的渗透。2011 年至 2012 年，"三网融合"取得实质性进展，数字文化产业在文化产业整体中所占的比重有了大幅提高，移动智能终端的普及大大超过预期，智能手机和平板电脑等便携屏幕的重要性受到重视。2013 年，4G 牌照正式颁发，资费逐渐下降，带动了数字文化领域的各种技术创新和产品创新，即时通信、视频音乐、微博、移动社交、社会化生活、电子商务等应用创新不断涌现。2014 年至 2015 年，数字文化产业市场价值全面超过了传统文化产业，占文化产业整体价值的 70%；移动互联网收入随着手机网民规模首次超越传统 PC 网民规模，其市场价值升至数字文化产业的 70%。这一时期，互联网文化类企业成了创业的热点，平台文化企业与内容文化企业之间初步形成了横向联盟，付费模式探索逐步展开。

数字文化产业在 2016 年被列为国家战略性新兴产业之后，随着互联网各种技术的不断成熟呈现新的发展态势。移动用户成为市场核心，"内容"平台和应用大放异彩，短视频、移动直播、VR/MR 和人工智能、移动电竞、网络综艺、网络大电影、文化电商等新业态逐渐成为公众消费的热点。2017 年，数字文化产业增加值在 1.03 万亿~1.19 万亿元，总产值在 2.85 万亿~3.26 万亿元。网络娱乐各细分领域的市场规模不断扩大，用户数量不断增加。2018 年，网络视频市场总值达 1871.3 亿元，付费用户规模达 3.47 亿人，其内容付费收入占视频网站总收入的 34.5%；重点网络文学企业总体收入规模为 342 亿元，读者规模为 4.3 亿人，其中网络文学主营业务收入达 159.3 亿元。2019 年，中国游戏市场实际销售收入继续增长，达到 2308.8 亿元，其中移动游戏市场实际销售收入突破 1513.7 亿元，同比增长 13%。获得可喜成绩的同时，民营互联网文化企业因移动互联网流量红利即将见顶而增长乏力问题进入了人们的视野。5G、人工智能、大数据、区块链等新技术的融合发展与商用普及，在助推消费升级的同时，也将催生新一轮的产业革命，为数字文化产业迎来了新的发展空间。

三 文化产业供需端的数字化变革

从文化产品的供给（生产）端来看，数字格式已成为呈现文化产品内容的基本标准。从纸质图书到电子书，从印刷出版到数字出版、网络出版，从音乐 CD 到数字音乐，从胶片电影到数字电影，从手柄游戏到网络游戏，从传统广告到数字广告，文化产业各个领域都在进行数字化转型。近年来，以新兴媒体为主要载体，以提供在线内容为主业的民营平台文化企业、联盟内容文化企业形成了"平台＋内容"的产品生态，进一步优化了文化产品和服务的供给，满足了人们日益增长的文化需求。未来，新技术的融合还将给文化内容生产侧带来更强有力的改革，比如高速率、低时延、大连接的 5G 技术全面铺开，将为用户提供全新的视频观看体验和全景高清视角，推动以短视频形态、直播电影为基础的数字经济在媒体行业的兴起。又如大数据、云计算、VR、区块链等技术将助力媒体深度融合，使媒体信息采集、内容制作、视频剪辑、个性分发等环节变得更加智能化。

从文化产品的需求端来看，数字技术在潜移默化中改变和优化了人们的文化消费方式和生活习惯，移动短视频、移动直播、手机游戏、网络文学、数字音乐、知识付费等成为人们消磨时光、放松心情的重要娱乐内容，内容平台成了用户增长的最大赢家。Analysys 易观发布的《2019 中国数字用户行为年度分析》显示，2019 年一季度中国数字用户规模首次突破 10 亿人，年底用户规模达到 10.17 亿人，同比增长 2.19%；日均活跃用户也达到 9.8 亿人。数字用户日均使用时长达 6.29 小时，日均启动量达到 56.62 次。从数字用户结构来看，24 岁以下的用户是移动互联网增长的主要动力，35 岁以上的用户比重在 2019 年提升了 5%，中老年网民成为短视频行业的新军。另据第 44 次《中国互联网络发展状况统计报告》，截至 2019 年 6 月，网络新闻、网络视频（含短视频）、网络音乐、网络游戏、网络文学和网络直播的用户规模分别达到 6.86 亿人、7.59 亿人、6.08 亿人、4.94 亿人、4.55 亿人和 4.33 亿人。

四 数字文化产业监管规制趋严

文化企业是生产精神产品的企业群体。在数字内容生产活动中,坚持正确的舆论导向,坚持以社会主义核心价值观引领文化建设,坚持社会效益和经济效益相统一的文化创作生产机制,是文化企业必须遵循的重要方向。2019 年,在原有数字文化产业监管的基础上,延续了强监管的基调。

(一)加强新闻出版领域的规制

第一,网络游戏告别多头监管,其行业管理职责调整归属于新闻出版部门,产品题材也由新闻出版部门把控。第二,严格贯彻互联网新闻信息服务许可制度,违规从事新闻信息服务的网站及应用将受到处罚以至于关闭。第三,发布出版重大选题范围。新版《图书、期刊、音像制品、电子出版物重大选题备案办法》强调出版单位在出版前应备案,未经备案批准不得出版发行。第四,整顿新闻采编队伍。对新闻采编人员进行全员培训考核,并于 2019 年 12 月起换发全国新闻记者证。

(二)推进网络视听线上线下统一标准

第一,发布《网络短视频平台管理规范》和《网络短视频内容审核标准细则》。前者对平台应遵守的总体规范、账户管理规范、内容管理规范和技术管理规范提了 20 条要求,后者面向短视频一线审核人员提出了 100 条审核标准。第二,规范网络影视剧的管理。《关于网络视听节目信息备案系统升级的通知》要求重点网络影视剧制作方在制作前须登录备案系统提交作品名称、题材类型、内容概要、制作预算等信息。第三,发布《未成年人节目管理规定》,设立未成年人网络专区、法定监护人同意制度、未成年人保护专员制度、休息提示制度、通知删除制度、公众监督举报制度等，防止青少年沉迷网络，保护未成年人利益。第四，加强对新技术的安全评估。印发《网络音视频信息服务管理规定》，强调对深度学习、虚拟现实等新技术新应用开展安全评估，并健全辟谣机制。

（三）强化互联网治理

第一，出台网络监管规范保障网络安全。2019 年相继出台的《区块链信息服务管理规定》、《网络安全审查办法》（征求意见稿）、《网络安全漏洞管理规定》、《云计算服务安全评估办法》、《在线旅游经营服务管理暂行规定》、《网络安全威胁信息发布管理办法》（征求意见稿）、《网络信息内容生态治理规定》等，着重落实网络运营者主体责任，保障网络安全。第二，监管部门加大治理网络违法违规信息力度。网信办启动为期 6 个月的网络生态治理专项行动，全国扫黄打非办开展网上低俗信息专项整治工作，各类淫秽、低俗、传播不良生活方式和不良流行文化等有害信息得到清理。第三，加强互联网广告治理。发布《关于深入开展互联网广告整治工作的通知》，对药品、保健食品、医疗、房地产、投资理财等关系人民群众身体健康和财产安全的虚假违法广告加大查处力度。

第二节 北京市民营互联网文化企业发展面临的问题

北京是互联网企业最早的聚集地，经过多年的发展，如今集中了全国90％的重点网站，集聚了一大批领军型互联网文化企业，每天有 7 亿多网民浏览北京互联网，已成为名副其实的"网都"。在走访、访谈从事文化产业核心领域业务的互联网平台企业和内容文化企业后，笔者发现当前北京民营互联网文化企业面临的困境包括以下几方面。

一　原创精品少、与主流价值融合待加强

在流量红利时期，民营互联网文化企业抢夺新增用户就能盈利，平台只要内容"量大管饱"就能生存。但移动互联网流量红利的消失，使互联网公司对线上流量的争夺进入白热化阶段，不少大型互联网公司的业绩低于预期，一些只有流量没有实力的平台纷纷倒闭，靠规模扩张、靠运气赚钱的时代过去了，内容成为争夺用户时长红利的关键。文化产业的创意特性决定了互联网文化企业一旦无法在内容环节掌握话语权，缺乏独家的、原创的优质内容，随时可能被挤出市场。据调研，北京文化产业原创精品少、与主流价值融合不够等问题依然存在。

一是部分企业存在短视心理，热衷于复制赚"快钱"。著作权法对创意构思保护不足，一个创意作品的核心架构和实施办法一旦公开风险极大，抄袭和盗版成为原创企业最头疼的问题。一些手游企业缺乏原创能力，热衷"短平快"的投机，倾向于找一款游戏随便修改一下就卖掉变现；网络小说 IP 同质化严重，题材大同小异，内容复制拼接，文学创作变成了没有突破的程式化过程；一些不法企业以投资项目为名，窃取其他公司的创意方案或故事梗概。在知识产权申请周期长、手续烦琐、取证难维权困难的情况下，为应对侵权，许多原创企业采取在成果发布前签保密协议、不敢向融资方全盘透露创意等自我保护方式，这使创意的过程融资和市场化受阻。

二是内容文化企业在与平台文化企业的博弈中处于弱势地位，不敢投入过多资金做原创。早在 2015 年，网络视听行业基本完成了从 UGC（User-generated Content）到 PGC（Professionally-generated Content）转型的成熟化探索。所谓 PGC 就是平台文化企业采用资本运作、协议合作等方式，与内容企业深度合作共同创造、传播优质文化内容。在二者的合作与博弈中，各类网站或 App 等平台文化企业在拥有技术优势和大体量资本的

情况下，不甘心只做渠道而是转向了控制整个产业链，内容文化企业处于弱势地位，版权分成不合理，创作和生产优质内容的积极性受到影响。以网络音乐为例，音乐版权方从数字音乐产业中获得的分成少得可怜，这使音乐制作公司不敢投入过多资金做原创，转而依赖商业演出、拍摄广告维持公司发展。据了解，我国平台文化企业在收益分配中占比在 60% 以上，而欧美国家仅占 30% 左右。

三是内容生产机制有待进一步创新，主流价值与互联网文化融合探索有待加强。一些互联网企业重技术、轻内容，内容供给存在过度商业化、娱乐化问题，对文化内涵尤其是本土文化的深入挖掘不足。目前，在北京互联网文化企业提供的各类文化产品中，传承古都文化、红色文化、京味文化、创新文化等内容，彰显北京特色的历史题材、现实题材的优秀作品较少，主流价值对互联网文化形态的融合嵌入不够。

二 强监管给企业内容治理带来挑战

在资本红利推动下，民营互联网文化企业经历了野蛮生长的发展时期，初心偏离正轨，行业乱象透支市场。2019 年，在原有数字文化产业监管的基础上，各监管部门会同行业协会、互联网文化企业等主体加大了治理力度。在反对"泛娱乐化"政策导向的影响下，相关监管部门在政策层面不断推进网上网下导向管理"一个标准、一把尺子"，趋严趋紧会是今后一段时期监管的主基调。在强监管时代，互联网文化企业面临以下挑战。

一是从企业战略到内容产品战略主动向主流话语形态学习和靠拢，积极生产主流话语形态的内容，成为主流声音的"扩音器"。二是处理好企业规模扩张和内容供给之间的平衡。不少企业在追求规模扩张的过程中，较多地关注融资和技术，而对在线文化产品质量关注不够，产品量大但缺乏深度，跟风抄袭，追求"眼球效应"等问题大量存在。《2018 中国网络文学发展报告》显示，74.2%的网络文学读者希望"提高网文质量"。三是海量信息和庞大用户群体给企业内容治理带来挑战。以今日头条为例，每天用户上传的文章数量达 60 万篇。如果每个内容都要人工审核，审核团队的规模需要 10 万人起步。除了建立庞大的人工审核团队外，各主流内容平台十分注重研发、加强技术审核机制。但是机器仅能提供第一层"把关"，对约 1/10 的内容无法做出准确判断，而这 1/10 放在海量内容面前仍然是非常庞大的。

三 盈利模式不明晰

互联网文化企业高技术、高风险的特质决定了天使投资（AI）、风险投资（VC）和私募（PE）等才是其融资的主渠道，银行介入程度低。虽然整体行业前景可期，但是各类市场参与主体仍处于盈利模式探索期。比如，在线教育、Vlog（视频博客）等业务盈利模式不明晰，企业只能边做战略投资边探索；UGC 和 PGC 的内容生产虽然为互联网文化企业带来了大批流量和用户，但这些流量和用户并未直接关联变现方式……如果企业本身没有赖以生存的核心业务，无法以主业为主、衍生为辅，就缺少了造血功能。开拓新业务和新市场如果失败，带给企业的将会是灭顶之灾。那些存活和扩张依赖于外部输血融资的企业，在当下国内金融市场趋紧的大环境下，一旦融资不畅，早期因资本充裕而提升的企业规模和估值将很难维持，其后果就是资金链断裂、公司股权被收购。

四 知识产权评估难

互联网文化企业核心竞争力和品牌价值的提升取决于持续性、多元化的内容资源，而这离不开产业链上游内容文化企业的合作与支持，但这些企业多是一些"小、散、弱"的民营企业，其主要资产是知识产权，知识产权评估变现难对其生存发展造成很大影响。一是知识产权评估起步晚，发展时间短，没有足够的数据库和实践经验可供参考。二是知识产权保险缺乏，无法很好地解决企业知识产权遭遇侵权而造成的民事责任赔偿和财产损失问题。三是缺乏权威的评估机构、评估标准和评估方法，虽然银行、保险、投资、交易所等机构都对知识产权评估标准和方法进行过探索，但是其各成体系、互不衔接，而且金融机构出于自身利益考虑，会对企业知识产权价值大打折扣。四是产权交易市场不活跃，一旦企业违约，作为抵质押物的知识产权变现困难，金融机构的权益无法得到有效保障。

五 "小散弱"内容文化企业融资难

处于产业链上游的内容文化企业是平台文化企业合作的重点，是优质文化内容的资源提供方，但是这些企业大多规模小、投融资能力弱。原因有以下几点。一是文化公司多是轻资产、项目制公司，盈利周期长、抗风险能力差，加之企业自身管理不够规范，议价能力低。二是金融机构所有制单一，间接融资门槛高。在政策推动下很多金融机构对文化产业进行了新的金融产品设计，但银行、保险公司等金融机构在本质上也是企业，在无法依据传统行业授信经验判断文化企业承债能力的情况下，强制要求其支持小微文化企业，在执行上很难有好的效果；鼓励民间资本设立民营银行、金融租赁公司、融资担保公司等政策需审慎放开。三是直接融资在互联网文化企业投融资中占比不高。新三板融资难、维持费用高（企业每年维持费200万~300万元），吸引力下降，变成了企业"食之无味、弃之可惜"的负担，但受关注度较高的中小企业集合债又存在发行困难的问题，常因找不到合适的发债主体而筹资失败。

六 在北京经营成本高，人才落户限制条件多

一是经营成本的上升增加了企业负担。一方面，租金压力较大。仅以

莱锦为例，该园区地处朝阳区"CBD-定福庄国际传媒产业走廊"地段，租金已由前些年的每天6元/平方米上涨至2019年的每天12元/平方米，房租的连年上涨使企业承租压力较大，经营成本提高。另一方面，人力和研发成本大幅上升。近年的劳动力成本年均涨幅均在20%左右，企业负担较重。资料显示，新生代互联网企业研发强度呈现下滑趋势，其平均研发强度仅为传统互联网企业的1/2，这不排除企业对成本因素的考虑。

二是税收优惠激励政策比较零散、不成体系，企业的综合税负依然较重。在调研中有企业表示，北京市针对文创园区的倾斜政策不如中关村，扶持力度不大，外地很多园区都以极为优厚的优惠政策在招商引资，令目前不少园区企业动心。

三是落户政策限制对企业招聘"头部"人才影响较大。文化产业跨界创新的速度很快，能否吸引"头部"高端人才为企业效力，对企业极为重要。根据现行落户政策，文化高端人才留京比应届毕业生更难，办理程序更为烦琐。据了解，2018年国家文化产业创新实验区根据园区需要申请了70多个留京指标，仅批了3个。

第三节　促进北京市民营互联网文化企业 发展的对策建议

一　加强互联网文化企业党建工作，以审慎包容的态度对待文化新业态

针对互联网乱象，近年政府监管趋严。北京市在国家政策的指导下，结合实际，约谈了部分违法违规文化企业，下发了全面落实北京地区网络出版服务单位编辑责任制度等系列文件，连续组织开展了推荐优秀网络文学原创作品活动，加强了对重点账号、新应用程序的安全风险评估等，有

力引导和推动了网络文艺健康发展,打造了健康清朗的网络生态。为更好地规范、促进民营互联网文化企业发展,提出了以下建议。

一是继续将党组织嵌入网络娱乐类文化企业的公司治理之中,推动非公党建规范化发展,从企业战略到内容产品战略增强企业党性修养,用党的理论武装头脑,保持企业的正确发展方向。

二是以负面清单形式明确文化产品和服务的审查底线。针对调研企业反映其在产业创新和模式创新上面临政策不确定性的问题,建议相关管理部门以负面清单而不是正面清单的方式重塑监管,谨慎划定清晰边界,引导企业发挥技术优势成为主流媒体的生态共建者,使正能量实现倍增效应。

三是以审慎包容的态度对待新技术应用和商业模式创新,促进文化新业态发展。内容型平台作为监管的"重灾区",既有流量凌驾在价值之上"屡错屡犯"的因素,又有"过滤"技术不可达的问题。对于屡屡犯错的不合规企业,加大震慑处罚力度;对于认真经营但平台治理不成熟的企业,要给予更多的宽容和耐心,允许企业对遇到问题的创新业务进行改进,用监管创建更规范、更健康的发展环境。

四是建立健全符合技术和服务特点的网络执法体制机制。要从互联网的技术性、专业性特点出发来强化技术性监管,压实平台责任,丰富执法手段,不断创新监管的方式和措施。

五是利用新技术加强内容治理。区块链可以联合 AI 技术建立网络内容追责和惩戒机制,即一旦识别入网内容为虚假新闻或网络谣言,可根据新闻基础信息源头追溯和问责;创建网络内容"黑名单"制度,名单中发布网络谣言或虚假新闻的 ID 将被定期禁言,且社会诚信度评价也将受影响。另外,还可探索通过加密代币奖励的方式激励公众加入事实核查行动。

二　多措并举激励优秀原创的持续产生，加强知识产权保护

一是以激励创造力为导向完善政策机制。其一，完善顶层设计，加快制定鼓励文化创新创造的政策措施，逐步扭转当前重文化产品数量轻质量的局面，以及重市场运行轻创意生产的取向。其二，针对社会原创能力不足的问题，可设立并发挥市级奖项、专项基金和公共信息服务平台作用，对优秀原创进行评选、奖励和推介。其三，引导企业追求产品内容的创意和质量。没有好的产品内容，企业就很难存活，为此企业应努力追求产品内容的创意和质量，以用户口碑和体验为本，构建自身的版权体系，提升企业市场竞争力。其四，积极推进美育教育、知识产权教育与现有教育体制的衔接，培养年轻一代的艺术创作兴趣。

二是运用政策和技术手段加强知识产权保护。一方面出台政策措施保护企业知识产权。2019 年 11 月，中办、国办印发《关于强化知识产权保护的意见》，提出要在著作权领域引入侵权惩罚性赔偿制度，大幅提高侵权法定赔偿额上限，加大损害赔偿力度，完善侵权假冒举报奖励机制，力争到 2022 年，侵权易发现象得到有效遏制，权利人维权"举证难、周期长、成本低、赔偿低"的局面明显改观。北京要不断健全完善知识产权保护制度和机制，并针对人工智能创作内容版权保护、网络服务商"避风港"原则、网络新闻转载授权、"聚合盗链"等争议较大的问题，积极探索"北京经验""北京方案"，提出立法建议，推动新技术新业态发展。另一方面利用新技术加强数字产权保护。区块链分布式存储方式使更改和删除已上传内容成为不可能，所有上传文档内容都标有作者个人信息、发布时间、上传 IP 地址等基础信息，并形成永久性的存储档案。一旦出现版权纠纷，区块链技术可通过完整的数据标签追溯到信息源头，保护原创者的知识产权。

三是规范平台文化企业与内容文化企业的商业行为，激励优质原创内

容的持续产生。2018 年，欧盟通过了《数字化单一市场版权指令》，设定"版权过滤"义务，促进了权利人与平台方版权许可协议的订立和盗版追索；设定"链接税"，规定谷歌、脸书等平台商在新闻链接、内容摘录、页面转码等新闻聚合时要向新闻出版者付费等，此举促进了优质原创内容的持续产生与内容产业的长远发展。

三　积极破解内容文化企业融资难题，为数字文化产业提供源头支撑

破解"小散弱"内容文化企业融资难题，建议有以下几点。一是与平台文化企业建立深度协同的横向联盟，以过硬的内容制作能力，在平台文化企业追求文化生态系统的过程中成为其生态链上游的内容企业，以获得更多的资金支持。二是发挥资产评估独立第三方作用，采用科学的知识产权评估标准和方法，加强文化资产公允价值和计量研究，畅通知识产权转化变现渠道。三是完善文化金融政策相关实施细则，进一步放开金融机构所有制限制，鼓励民间资本进入文化金融领域，丰富文化金融主体。四是建立文化企业的信用数据库和信用等级评估体系，在银行贷款、银行担保、股权融资方面为信用好的文化企业提供帮助。2016 年成立的北京市朝阳区文创实验区企业信用促进会对此做了很多先期探索。五是加强文化金融服务平台功能建设，汇集保险、担保、投资等文化投融资专业配套服务机构，通过资源汇集、功能集成为不同发展阶段的文化企业提供"一站式"的金融服务。六是积极培育和发展文化产业保险市场，鼓励保险公司开发适合文化企业的保险业务。如贷款保证保险、知识产权侵权险、电影完片保险、演艺人员职业责任险等，降低文化企业经营风险。七是建立一套长期扶持和激励文化产业发展、惠及大部分文化企业的税收优惠政策，将税率控制在相对合理的范畴内，从根本上解决民营文化企业的内生动力问题。

四　强化企业管理，推进商业模式创新，不断提升企业竞争力

一是建立柔性化、扁平化的企业组织架构。如阿里巴巴几乎每一年都会发起一次相对大规模的组织架构调整，以主动适应时代变化；今日头条从普通基层员工到 CEO 之间的汇报关系只有三级至四级，且大多数单独业务线不设置职能部门。

二是建立明晰的股权治理结构。股权结构混乱或许是很多文化企业经营管理长期存在的问题，文化企业要以提高效率和提升价值为导向，形成稳定又灵活的管理机制，避免管理层频繁变动或者股东争权而导致公司动荡。

三是加强商业模式持续创新和差异化探索。进入互联网第二阶段，利用丛林法则、规则漏洞和监管缺失野蛮生长，以及靠抄袭、盗版、侵犯隐私获取收益已经行不通了，这一阶段的企业必须立足对用户价值的深度挖掘，不断丰富 IP 资源的开发途径，将用户流量争夺转为提高用户的获得感和留存满意度，以此恢复企业自身造血功能，实现企业独特性增长。

四是加强内部人才培养。处理好引才和育才的关系，在引进高端文化人才的同时，加强企业内部人才培养，通过创新组织形式、加强培训、建立激励机制、完善人才评价机制等，形成自己的培养体系和合理的人才梯队，让人才有归属感，从根本上解决制约企业发展的人才问题。

五　降低在京经营成本，营造鼓励技术研发与创新的良好氛围

一是加快推进北京"房租通"政策落地，缓解民营小微文化企业房租贵的困境。2019 年 12 月，《北京市文化企业"房租通"支持办法》（试行）出台，意在扶持成长性好、潜力大的小微、初创型文化企业，以租金奖励降低企业运营成本。目前，该政策惠及范围主要是文化产业园区以及入驻企业，应继续探索租金帮扶政策的长期化、细致化、多元化，让更多

的企业受益。

二是营造鼓励技术研发与创新的良好氛围。用活用好文创产业类政府引导基金，撬动社会资金投入市场积极性不高、产业化周期长、技术较为前端的基础领域，解决单个互联网企业建立基础研究团队试错成本高的问题。同时，加快引导资金对产业上下游的延伸，根据不同类型、不同发展阶段的企业对技术研发支持能力和需求的不同，探索采取不同的合作模式激活企业创新基因，营造鼓励创新的良好氛围。比如，对中小型企业，要摸清共同需求，探索通过建立企业联合体来共同出资，积少成多；对于实力较强的中大型企业，可以考虑由企业和市级基金共同出资；等等。

第二章　促进北京市民营小额贷款公司
向民营银行转变研究

第一节　习近平总书记关于金融工作的重要论述

"金融是现代经济的核心"①　"金融活，经济活；金融稳，经济稳。"②
党的十八大以来，习近平总书记高度重视金融工作，多次在不同场合强调
金融的重要性，提出了一系列新的重要思想、重要观点、重大判断、重大
举措。这些重要论述根植于社会主义市场经济发展的最新实践，是习近平
新时代中国特色社会主义经济思想的重要组成部分，全面体现了金融改革
发展的最新成果，登高望远、视野宏阔，内涵丰富、思想深邃，发展了社
会主义金融理论，是当前和今后一个时期内北京市深化金融改革，促进金
融发展的重要遵循。

一　回归本源，服从服务于经济社会发展

"金融是实体经济的血脉，为实体经济服务是金融的天职，是金融的
宗旨。"③ 这些年来，金融系统在动员储蓄、集中金融资源等方面起到了重

---

① 《十八大以来重要文献选编》（中），中央文献出版社，2016，第781页。
② 《习近平关于总体国家安全观论述摘编》，中央文献出版社，2018，第96页。
③ 《习近平谈治国理政》第2卷，外文出版社，2017，第279页。

要作用，为经济高速增长提供了资金支持。但随着中国经济发展进入新时代，金融发展面临的问题也出现了新变化。一方面，金融资源配置失衡加速暴露，中小企业融资难题、日益突出，导致了一系列的问题。另一方面，经济"脱实向虚"情况严重，"大量资金流向虚拟经济，使资产泡沫膨胀，金融风险逐步显现，社会再生产中的生产、流通、分配、消费整体循环不畅"。[①] 而事实上，"金融要把为实体经济服务作为出发点和落脚点，全面提升服务效率和水平，把更多金融资源配置到经济社会发展的重点领域和薄弱环节，更好满足人民群众和实体经济多样化的金融需求"。[②]

二 优化结构，完善金融市场、金融机构、金融产品体系

党的十一届三中全会以来，中国逐渐由"大一统"的金融体系走向适应市场经济的金融体系，并形成了"银行主导型"金融体系。随着中国经济由高速增长阶段转向高质量发展阶段，"银行主导型"金融体系的弊端开始显现。如难以很好满足中小企业融资需求，难以实现风险损失市场化分担等。针对这一情况，习近平总书记强调，"要以金融体系结构调整优化为重点深化金融体制改革"。[③] 而优化金融结构，首要的就是调整"银行主导型"金融体系，"推动国有大银行战略转型，发展中小银行和民营金融机构"，以调整放宽市场准入为契机，促进和实现金融市场主体的多元化。优化金融结构，更要推进融资方式的多样化，"要把发展直接融资放在重要位置，形成融资功能完备、基础制度扎实、市场监管有效、投资者合法权益得到有效保护的多层次资本市场体系"。[④]

---

① 《习近平谈治国理政》第2卷，外文出版社，2017，第241页。
② 《习近平谈治国理政》第2卷，外文出版社，2017，第279页。
③ 参见《习近平谈治国理政》第3卷，外文出版社，2020。
④ 《习近平谈治国理政》第2卷，外文出版社，2017，第279页。

三　强化监管，提高防范化解金融风险能力

2008 年金融危机后，中国宽松的宏观政策使总体杠杆率快速上升，加之全球金融系统的风险溢出效应开始显现。习近平总书记强调："要把主动防范化解系统性金融风险放在更加重要的位置，科学防范，早识别、早预警、早发现、早处置。"① "既要高度警惕'黑天鹅'事件，也要防范'灰犀牛'事件。"② "既要有防范风险的先手，也要有应对和化解风险挑战的高招。"③ 而金融风险的产生，在相当程度上是由于金融监管体系的调整和变革滞后于金融创新。因此，防范化解金融风险，客观上要求"推进构建现代金融监管框架"，④ "加强监管协调，坚持宏观审慎管理和微观行为监管两手抓、两手都硬、两手协调配合"，⑤ "统筹监管系统重要性金融机构，统筹监管金融控股公司和重要金融基础设施"。⑥

四　加强市场导向，发挥市场在金融资源配置中的决定性作用

经济体制改革，"核心问题是处理好政府和市场的关系，使市场在资源配置中起决定性作用和更好发挥政府作用"。⑦ 提升金融资源配置效率，同样需要发挥市场的决定性作用。党的十八大以来，互联网金融的出现加快了中国金融体系市场化进程，直接推动了传统金融机构的变革。2013 年和 2015 年，商业银行的贷款利率和存款利率分别放开；2014 年，民营银行的准入门槛开始降低；2018 年，外资金融机构的设立限制也被放宽。深化金融市场化改革，就必须要"健全现代金融企业制度，完善金融市场体

---

① 《习近平谈治国理政》第 2 卷，外文出版社，2017，第 280 页。
② 《习近平谈治国理政》第 3 卷，外文出版社，2020，第 219～220 页。
③ 《习近平谈治国理政》第 3 卷，外文出版社，2020，第 220 页。
④ 《习近平谈治国理政》第 2 卷，外文出版社，2017，第 278 页。
⑤ 《习近平谈治国理政》第 2 卷，外文出版社，2017。
⑥ 《十八大以来重要文献选编》（中），中央文献出版社，2016，第 782 页。
⑦ 《习近平关于社会主义经济建设论述摘编》，中央文献出版社，2017，第 56 页。

系"。从市场主体看，要继续调整放宽市场准入，形成多元化的市场主体，"完善公司法人治理结构，优化股权结构，建立有效的激励约束机制"。① 从市场体系看，要积极发挥资本市场作用，激发金融市场发展的内生动力，特别是要增强资本市场对科技创新企业的包容性，着力支持核心技术创新，提高服务实体经济能力。

第二节　北京市民营小额贷款公司发展面临的问题

民营小额贷款公司是民营金融机构之一。所谓民营金融机构，是伴随民间金融发展壮大而出现的新金融组织形式，一般认为其是有别于商业银行，由民间资本全部或部分参股，为民间投融资服务的信用组织。此机构类型众多，除小额贷款公司外，还有私募基金公司、典当行等。一直以来，民间金融或显性或隐性地普遍存在于北京市各地区。相应地，民营金融机构也就普遍存在于北京市各地区，并在民间资本供给市场上占据重要地位，这其中民营小额贷款公司最具代表性。近年来，北京市民营小额贷款公司取得了一定发展，已成为服务中小企业融资的一股力量。但在经历了前几年的快速发展后，民营小额贷款公司发展开始面临瓶颈。

从初衷看，国家发展民营小额贷款公司的动机在于解决中小企业的融资瓶颈，同时收编地下钱庄，推动处在"灰色区域"的民间金融走向规范。与国有金融机构相比，民营小额贷款公司在为中小企业融资上具有不少优势：在服务对象上，由于资金主要来自民营企业和自然人，客户也集中于民营企业，其拥有服务中小企业的"基因"；在服务效率上，由于其能够提供多样的担保方式且条件相对宽松，贷款流程少，放款速度快，中

---

① 《习近平谈治国理政》第2卷，外文出版社，2017，第280页。

小企业可以方便、迅速筹集资金；在产品设计上，由于贷款期限灵活，还款方式可以协商，其能够在一定程度上解决中小企业现金流不足的问题；在风险防控上，由于其服务范围主要集中于本地，借贷双方相对了解，融资信息相对透明，这有助于降低信息不对称带来的风险。

但是，受多方面因素的影响，北京市民营小额贷款公司的发展并不是非常理想。总的来看，民营小额贷款公司发展主要面临以下几个方面的问题。

一是资金来源相对单一，难以形成规模效应。由于小额贷款公司"只贷不存"，其资金来源主要是自有资金以及不多于两家银行业金融机构的融入资金，且受融资额度不高于注册资本一半的限制。这就使不少民营小额贷款公司的出借资金基本上是自有资金，在中小企业融资需求旺盛的情况下，很可能出现无钱可贷的局面，难以有效利用杠杆。

二是政策支持力度不足，经营成本相对偏高。在监管层面，目前小额贷款公司不归为银行业金融机构，难以享受银行业金融机构的优惠政策。例如，在税收方面，相较于银行业金融机构，其需要缴纳更高的税；又如在利率方面，尽管其可以从银行业金融机构融资，但不能享受银行间同业拆借利率，仅能参照企业贷款利率，加之担保、抵押的高要求，民营小额贷款公司的融资成本偏高。

三是改制村镇银行标准高，民间资本望而却步。不少小额贷款公司在设立之初就有改制为村镇银行的目标，但目前《小额贷款公司改制设立村镇银行暂行规定》对其改制的要求很严格。例如，必须以银行业金融机构为主发起人，这意味着一经改制，最初设立民营小额贷款公司的民间资本会被迫放弃部分控制权；又如最近四个季度末涉农贷款余额占全部贷款余额的比例均不低于60%、单一客户贷款余额不得超过资本净额的5%、单一集团客户贷款余额不得超过资本净额的10%等要求，更是将不少民营小额贷款公司挡在门外。

四是地方监管力度不足，制约行业指导作用。现阶段民营小额贷款公司主要是市地方金融监管局负责日常监管，受制于人员数量等因素，监管重点主要集中于准入退出、经营资质等方面，很难做到对民营小额贷款公司进行全流程监管。

五是风控制度还不健全，公司治理仍待完善。小额贷款公司的客户群体通常是难以接受银行贷款要求的中低收入人群和中小企业，他们相对具有更高的风险。此外，小额贷款公司在开展业务时容易受出资人的隐性影响，导致审核、评估也很难根据规范程序开展。

2018年中央经济工作会议提出发展民营银行和社区银行。不难发现，为更好地服务于中低收入人群和中小企业，金融体系结构调整将是下一步工作的重点。银行业作为北京市金融体系的主体，结构调整优化非常重要。把符合一定条件的优质民营小额贷款公司转变为民营银行，即把民间金融转化为正规金融，不仅有助于解决民营小额贷款公司面临的问题，也是探索首都金融体系结构调整优化的一种途径。

第三节　北京市民营小额贷款公司和民营银行的共性

事实上，北京市民营小额贷款公司具备一定的向民营银行转变的基础，主要是由于二者具有一定的共性。具体来讲，主要涉及以下几个方面。

一　二者都是金融资源供需均衡的需要

在北京市经济高质量发展的过程中，金融资源的供给和需求必须保持适当的平衡，这也符合首都金融业健康发展的现实需要。而要实现这一平衡，就必须协调好金融市场内供需双方各主体的参与机会、参与条件和市场份额。从目前情况看，由于北京市金融市场化改革仍在推进中，全市金融资源并非完全按照市场经济所要求的高效率原则进行配置，国有金融机构相对更容易获得稀缺的金融资源，并根据其具有一定倾向性的策略投向特定行业和企业，这就使中小企业难以获得合意数量的金融资源，投融资约束依然明显。

事实上，在监管部门的引导和推动下，全市国有金融机构在服务中小企业上做了很大努力，普惠金融也成为其业务重点之一。但是，国有金融机构继续拓展中小企业服务空间的可能性有限。首先，业务结构决定了国有金融机构的贷款对象主要还是大型企业。特别是在小企业贷款比重已很大且贷款总额难以快速增长的情况下，国有金融机构对中小企业的贷款很难大幅增长。其次，国有金融机构对中小企业的贷款风险更高。有些中小企业信用状况不佳，社会监督不足。即使国有金融机构通过机制创新，提高风险容忍度等方式降低业务风险，但并未改变客户的风险结构。国有金融机构大多是上市公司，更高的风险对其意味着更大的压力。最后，国有金融机构的中小企业融资业务存在信息不对称的现象。在一般情况下，国有金融机构基层部门并不具有贷款审批权，必须层层上报，但上级部门难以充分掌握中小企业真实情况的软信息，只能根据企业财务报表和抵押担保等硬信息加以判断，很难满足中小企业的全部需求。

因此，尽管情况有所改善，但首都金融资源供需均衡仍在一定程度上被国有金融机构的一家独大打破，而通过对民营小额贷款公司和民营银行的引导与扶持来重新实现金融资源供需均衡，则成为北京市深化金融改革、化解投融资难题的突破口之一。

二　二者都是民营企业对民间金融的需要

从供给侧看，民间金融能够在市场上占有一席之地，与市场主体的融资需求关系密切。相关研究发现，正规金融对民营企业的支持力度与民营企业对经济增长的贡献不匹配。在正规金融对市场主体进行信贷配给后，部分民营企业的融资需求可能难以得到满足，而民间资本参与其中的民间金融的信息渠道优势所产生的选择机制，能够在一定程度上满足其融资需求。这意味着金融需求的分层使金融服务也相应地分层。事实上，部分企业和个人难以从正规金融获得生产和生活所需资本，才使其融资需求"溢出"至民间金融市场。而民间金融在服务中小企业上也确实优势明显。首先，民间金融更容易掌握区域内中小企业的软信息，能够解决信息不对称的问题。其次，民间金融的业务流程相对更短，效率优势更加明显，更能有针对性地为中小企业开展服务。

从需求侧看，民营企业在当前的法律和政策留给其自主融资的空间非常有限。民营企业间的借贷解禁时间不长，大规模的资金融通活动可能构成非法吸收公众存款罪。即便是在政策允许的范围内向职工筹集资金，其合规性也可能随政策的变化而具有一定的不确定性，加之直接融资渠道不畅，民营企业的融资途径就剩下民营金融机构和民营银行等。因此，在现实条件的制约下，民营企业选择民营小额贷款公司和民营银行等新的途径融资，既体现了民营企业维持生产经营的无奈选择，也体现了正规金融和民间金融内在属性的要求，民营企业的成长壮大必须依靠以民营小额贷款公司和民营银行为代表的民间金融满足信贷需求。

三　二者都是化解金融空洞化的需要

金融空洞化，是指金融资本追逐利益和厌恶风险的天性，使其从特定行业、特定区域大量流出，导致该行业、区域产生资本短缺的现象。目前北京市国有金融机构掌握大量金融资源，能够相对容易地改变行业、区域的金融资源供给，使首都部分地区存在金融空洞化的可能性。以农村地区为例，农业人口储蓄和社会零散资金经由多种途径流向城区：一是经由中国农业银行或中国邮政储蓄银行在农村地区的网点吸收；二是经由农村商业银行的网点转移。这都使农村金融资源供给出现短缺倾向。民营小额贷款公司和民营银行的发展能够在一定程度上化解金融空洞化的问题，特别是二者在金融资源供给方面可以发挥重要作用。得益于资金来源和出借的灵活性，民营小额贷款公司和民营银行往往不像国有金融机构那样因政策对行业、区域加以区分并区别对待，这对上述金融资源的配置不均问题起到了纠正作用，有利于首都经济运行的良性循环。

第四节　民营金融机构向民营银行转变的国际经验

一　美国的经验

美国的民营金融机构主要有以信用合作社为代表的合作金融组织、天使投资基金、风险投资基金、中小企业投资公司、非吸收存款类放贷人等。这些民营金融机构的不断涌现，为众多低收入人群和小企业的生活和生产提供了金融支持，有效缓解了长久以来这几类群体从美国大银行融资不足的困境。同时，对那些比较成熟且可以有效应对市场风险的民营金融机构，政府支持其向"社区金融"过渡，转型为"社区银行"。

二　日本的经验

日本的民营金融机构主要有合会（一般称为轮转基金）、互助银行、贷金业协会等，其向民营银行的转变始于1951年5月作为法律依据的《互助银行法案》的颁布实施。5年间，日本大部分合会都转变为互助银行，而转变为互助银行后在本质上具有了开展类银行业务的资格。如在一定范围内吸收社会资金，开展贷款业务和票据业务等。事实上，日本通过颁布法律对民营金融机构的演化做出规定，体现了政府主导将民间金融转变为正规金融的路径，对日本的经济发展起到了积极作用。

第五节　北京市民营小额贷款公司向民营银行 转变需要注意的问题

一　转变的条件

现阶段北京市民营小额贷款公司转变为民营银行应当遵守设立和运营商业银行的法规（标准），这些在《商业银行法》中有严格的规定。此外，《关于促进民营银行发展的指导意见》也对民营银行的准入条件做出了明确要求。不过，上述条件更多的是针对民间资本参与新设银行的情况设置的，从发展比较成熟的民营小额贷款公司直接转变为民营银行，可能需要重新确定转变条件。从实践角度看，北京市民营小额贷款公司在经过一段时间的运营后，已经了解了金融市场秩序，熟悉了金融市场风险，并具有一定的抗击风险能力。如果仍然延续新设银行相关规定，不但会打击民间资本的积极性，还会在一定程度上浪费金融资源。因此，需要通过补充专项规定明确民营小额贷款公司转变为民营银行的条件。

二　转变的内部机制

北京市民营小额贷款公司向民营银行转变的内部机制涉及主体确立、市场定位、网点布局、资本结构、风险防控、危机应对等方面。在主体确立上，民营小额贷款公司的组织形式有股份有限公司、有限责任公司等，但《商业银行法》明确规定银行的组织形式一般为股份有限公司。因此，民营小额贷款公司在转变过程中，必须以确立股份制下的内部制衡机制为重要目标。在市场定位上，民营小额贷款公司和民营银行的客户群体基本重合，都以中低收入人群和中小企业为主。民营小额贷款公司在转变过程中，必须抓住主要服务对象不放松，集中优势资源服务民营经济。在网点布局上，把经营区域严格控制在特定范围内，不允许跨区域经营和兼并收购。在资本结构上，明确单个股东的股份占比上限，支持民间资本分散持股，以达到共同治理的目的，继续保持其经营方式灵活的特点。在风险防控上，民营小额贷款公司相对薄弱的防范风险能力在向民营银行的转变过程中怎样进一步提高是非常重要的一环，必要的注册资本限制、优化的资产负债结构、完善的内部控制机制，是有效降低风险的重要抓手。在危机应对上，民营小额贷款公司受制于风险承受能力，其化解危机的能力同样需要在转变过程中得到提升。构建与最后贷款人制度、存款保险制度相适应的内部危机应对机制，是转变过程中需要重点考虑的问题。

三　转变的外部保障

在健全转变的内部机制前提下，同样需要完善转变的外部保障和支撑。长期以来，政府对民营小额贷款公司开展银行类业务始终持严管的态度，实现由"堵"到"疏"的态度转变，对促进民营小额贷款公司向民营银行转变具有重要意义。在政府监管方面，可以由市地方金融监管局配合北京银保监局统一监管民营小额贷款公司向民营银行转变过程中的运营情况和交易活动等。集中行使监督检查和责任追究权限，构建专业化的垂直和地方相结合的监管体系。此外，也应对转变的条件、转变的过程制定符合民间金融特点和要求的法规和政策，在转变前注意避免开展非法吸收公众存款业务，在转变过程中重点关注合法与非法的边界划分。在市场约束机制方面，民营小额贷款公司转变为民营银行后，应根据银行业的市场行为规范，履行客户保密、信息披露、自律管理以及社会责任等金融市场主体应尽的义务。聘请符合资格的职业经理人，组建素质高、经验丰富的经营团队负责日常管理。

第六节　推动北京市民营银行发展的建议

一　健全破产预防和退市机制

应根据北京市金融市场发展状况，遵循优胜劣汰的竞争法则，加快健全民营银行破产预防和市场退出的政策细则。首先，要建立健全民营银行破产预防制度。民营银行退市，不但会带来支付危机，也会造成信任危机，对经济的负面影响相当严重。从发达经济体民营银行退市制度看，其更注重接管和重组等预防机制。为最大限度地减小民营银行破产的不利影响，可以参考其他国家（或地区）的做法，科学设计风险预警指标体系并开展监测，以把风险控制在一定程度上。健全民营银行危机应对机制，对经营不善的民营银行，监管部门可依据实际情况进行风险评估和救助，而将破产清算作为"最后"措施。其次，民营银行要对恢复和处置计划在退市中的实现方式加以明确规定，真正达到优胜劣汰、有进有出的常态化。可以考虑把民营银行市场退出机制纳入存款保险制度，以"识别—接管—退出"的程序构建机制。在民营银行发生问题并被识别后，优先考虑以接管的方式处置问题民营银行，以避免过高的成本和风险；当确定问题民营银行难以找到接管人时，再对问题民营银行进行清算，偿付债务，使其完全退出市场。再次，要实行监管部门和法院互相配合的专门破产程序。事实上，监管部门在民营银行准入和管理过程中，掌握着大量民营银行的相关信息，由其负责民营银行退市具有明显优势，对民营银行是否已经达到破产标准、破产管理人的选任条件、机构关闭程序等具有专业性的事项，应交给监管部门来处理。而在清算上，法院拥有更强的专业性，以及能更少受到行政因素的干扰，可以在一定程度上限制监管部门的自由裁量权，确保清算过程合法合规。最后，要完善银行并购机制。对主动选择退市的民营银行，应充分发挥市场主体的积极性，支持通过兼并、收购等市场化方式实现退出。

二　构建完善的监管体制机制

应根据民营银行股权集中度高的特点，从加强内部治理、完善外部监管等方面入手，降低民营银行的相关风险。一是要强化对民营银行治理的监督。注意总结现有经验，明确主要股东风险自担的范围和含义，推动信息公开，严格监管民营银行大股东行为，适时评估承诺履行状况，增强民营银行的企业信用。健全民营银行治理机制，在确保股东数量和资质标准的条件下，根据各治理主体独立运作、有效制衡的原则，推动大股东之间分享控制权。二是要丰富监管工具。可以选取资本充足率、杠杆率、拨备覆盖率、流动性等关键指标，设计更为审慎的分层标准，以有效控制不同程度的风险。与此同时，民营银行也要根据标准制定相应的应对措施，并结合运营特点制定相应的风险控制措施。三是要探索民营银行动态考核、分级管理的体制。对民营银行设置定性与定量相结合的考核标准，保证其在准入环节承诺的差异化发展战略能够在经营中得到落实。对超过一定经营年限并具有良好商业信誉的民营银行，在满足监管部门要求（如经营情况、财务状况、风险状况、履行社会责任等方面）的基础上，可以申领更高等级的牌照；而对始终未达到监管部门要求的民营银行，则采取限制业务范围等惩罚措施。四是要分配更多的监管资源，确保差异化监管落地。根据其他国家（或地区）的经验，民营银行的监管主体有中央银行、银保监会、存款保险机构、行业自律协会、民间审计机构等。对政府监管部门，要不定期与民营银行的董事、高管会谈，指出其存在的问题和主要风险，适时进行监管评级和现场检查，以提高监管的针对性。对社会监管部门，可积极与民营银行合作，帮助其及时披露公司年报、财务数据等信息，提升其商业信誉。

三 实现与传统金融机构错位发展

当前，中国的银行间竞争激烈，为在"夹缝中求生存"，民营银行应采取与传统银行等错位发展的策略，找准自身定位，积极调整和拓展适应自身特点的经营业务，实现持续健康发展。一是要与传统银行合作。传统银行特别是国有银行，在大额信贷上积累了丰富的经验，但对小额贷款，从企业效益、员工配置、风险防控等方面考量，相对"力不从心"。因此，民营银行应与传统银行加强合作，学习先进的风险识别技术和管理经验，并注重专业化、特色化的经营，发挥自身结构简单、与客户的关系密切等优势，有针对性地加强产品创新，抑制做大做全的冲动，为中低收入人群和中小企业客户提供契合的服务，形成和提升自身核心竞争力。二是要与农商行、农信社开展合作，发展普惠金融。目前，农村地区的互联网普及度还不及城区，金融服务种类相对单一，存在大量可拓展的空间。因此，民营银行应与农商行、农信社密切合作，为其业务提供技术支持，共同探索开展第三方支付，降低交易成本，并借此深入了解农村地区的金融服务需求，有针对性地开发适合农村市场的金融产品。三是要充分利用大股东拥有的供应链上下游企业及本地企业资源，深入传统金融机构难以涉足的领域，发展产业链金融，以降低信贷成本。具有互联网背景的民营银行可以利用其平台优势，运用大数据、云储存等现代信息技术手段，开展移动互联网领域的金融创新，为客户提供随时、随地的金融服务，实现"全方位、一站式"的综合金融服务。

第三章 促进北京市生活性服务类民营企业发展研究

《居民生活服务业发展"十三五"规划》指出，餐饮、住宿、家政、洗染、沐浴、美容美发、家电维修、人像摄影等居民生活服务业是保障和改善民生的重要行业，对稳增长、调结构、促就业等具有重要意义。智联招聘与美团点评、21世纪经济研究院联合撰写的《2019年生活服务业新职业人群报告》显示，2018年我国平均每天新增企业1.84万户，其中80%是服务业企业，90%以上是民营企业。

2019年4月，《北京市提高商业服务业服务质量提升"北京服务"品质三年行动计划》发布，明确提出要提高社区商业服务水平。为不断提高北京市生活性服务类企业参与城市建设的积极性，鼓励民营经济健康有序发展，课题组通过查阅大量资料、实地开展调研、与部门和企业座谈、召开研讨会等形式对生活性服务类企业的发展情况和问题等进行研究，形成此书。

第一节 生活性服务业相关概念

一 生活性服务业的概念

生活性服务业的概念有狭义和广义之分。从广义上讲，依据2015年

《国务院办公厅关于加快发展生活性服务业促进消费结构升级的指导意见》，生活性服务业被划分为 10 大类 32 小类。其中，大类即居民和家庭服务、健康服务、养老服务、旅游服务、体育服务、文化服务、法律服务、批发零售服务、住宿餐饮服务、教育培训服务。从狭义上讲，依据 2015 年《北京市提高生活性服务业品质行动计划》，生活性服务业被划分为便利店（超市）、早餐、蔬菜零售、洗染、美容美发、家政服务、代收代缴和再生资源回收等 8 项基本便民服务。生活性服务业所涉行业领域跨度较大，且上下产业链纷繁复杂。因此，本书所提的生活性服务类民营企业是依据狭义上的定义开展研究的。

二 生活性服务类企业的概念

企业登记注册时所涉业务中的一项或全部，涉及生活性服务类行业中的一项或某几项，均可认定其为生活性服务类企业。

第二节 北京市鼓励生活性服务类民营企业发展的举措

一 出台文件引导调动民营企业的投资建设积极性

北京市于 2015 年 7 月和 2018 年 3 月分别印发了《北京市提高生活性服务业品质行动计划》和《关于进一步提升生活性服务业品质的工作方案》，提出加快推进本市生活性服务业的"五化"（规范化、连锁化、便利化、品牌化、特色化）向着力推进生活性服务业的"六化"（规范化、连锁化、便利化、品牌化、特色化、智能化）转变，加强一般性便民网点建设向有重点、重品质的网点培育提升发展，引导生活性服务类企业向更规范、更高品质的方向转变。

在政策引导方向调整转变的过程中，北京市相关部门陆续出台了一系列鼓励政策，为持续推进北京市生活性服务业品质提升提供了依据。如市发展改革委会同市商务委制定并印发《关于市政府固定资产投资补助商业便民服务设施项目的暂行规定》，为满足居民基本便利性需求的商业及配套设施提供投资补助；市商务委联合市发展改革委、市财政局等七部门联合出台了关于印发《关于进一步促进便利店发展的若干措施》的通知，从"拓展发展空间，优化网点布局""加大资金支持，降低经营成本""深入推进'放管服'，简化注册流程""改革经营许可，创新监管模式""规范执法检查，提高服务水平""促进规范提升，培育品牌优势"等六个方面，提出了 19 条创新举措，对便利店的投资建设加大了资金支持力度；市商务局会同相关部门印发了《关于进一步促进便民早餐网点发展的若干措施》，重点明确了配置标准、准入方式、资金引导等内容，以促进早餐网点建设，着力解决早餐网点不足的问题等。而就家政服务这一专项领域，连续三年出台了相关文件，即 2017 年 12 月，市商务局会同市发展改革委等 12 个部门印发《关于进一步促进和规范家政服务业发展的实施意见》，明确提出"鼓励搭建从业人员输入输出对接平台"。2018 年 10 月，市商务局会同市发展改革委等 7 个部门印发《关于进一步规范和促进家政服务业发展的工作方案》，鼓励和支持家政服务企业与外埠输出基地合作办学，开展技能培训，提高家政服务从业人员职业素质和技能水平，加快促进家政服务提质扩容。2019 年 3 月出台《促进家政行业服务消费增长的若干措施》，主要从促进家政服务市场消费升级扩容、发挥财政资金引导作用、加大行业宣传、完善家政服务消费统计方式等四个方面提出了 11 条措施，以此促进家政服务消费的增长。

二　建立规范和规划体系推动行业品质提升

一是在全国率先建立了生活性服务业 10 个行业（业态）的标准规范

体系。自 2016 年，市商务局从指导相关行业协会制定完善蔬菜零售、餐饮（早餐）、便利店（超市）、家政服务、洗染、沐浴、美容美发、摄影、家电维修、社区商业便民服务综合体等 10 个行业（业态）的规范做起，持续开展行业标准规范的制修订及宣贯工作，使上述行业（业态）在企业开业、经营管理、岗位服务等方面均有明确的标准或规范。

二是在全国特大城市率先制定生活性服务业设施规划，并指导各区组织实施。市商务委会同相关部门出台了《北京市街区商业生态配置标准指导意见》、《居住配套商业服务设施规划建设使用管理办法》（试行），明确了居住配套商业服务设施配置标准及建设管理规则。

规范与规则的制定。一方面，为生活性服务类企业发展划定了底线，各类企业均要在底线之上发展，这为生活性服务业品质提升打下了基础。另一方面，规范与规则有助于推动生活性服务类民营企业规范自身发展，形成自律约束，为同行业实施统一管理提供保障。

三 鼓励创新发展催生新模式新业态

为切实提高居民生活品质，满足居民多样化的生活需求，市级部门鼓励各区积极探索适合自己的发展模式，许多企业为此制定了新型生活性服务项目，由此催生了一批新模式新兴业态。

（一）西城区创新推进"小物超市"

随着西城区内"动批""天意""万通""官园"等所有小商品批发市场相继关闭，日常小物件去哪里买成为辖区居民关心的话题。围绕市民对"小物"的需求和关切，西城区商务委创新"小物超市"模式，依据周边百姓需求，在 20～30 平方米的小空间内，为居民集中提供生活使用频率较高的 100～200 个小物品。西城区以展览路街道为中心，逐步引导加大"小物超市"的网点覆盖，并通过在大型商超和百姓生活服务中心中开辟

"小物超市专区"，在便利店、生鲜超市搭载针头线脑、报刊零售等"小物超市专柜"，促进小卖部、文具店等提升改造，利用腾退空间转型建设"小物超市门店"，加强末端配送网点的配套建设，以"线上小物"采买商品等四种形式满足不同网点设置条件下周边居民的需求。

（二）顺义区创建"供销益家"连锁品牌

本着"便民、利民、惠民"原则，按照"规范化、便利化、连锁化、品牌化、特色化"的发展目标，顺义区加快推进社区便利店建设。"供销益家"便利店均为自营，从农产品种植就开始把关，以冷链运输和冷链仓储为媒介，实现产地、便利店、社区居民的全过程把控，保证农产品的安全和品质，既让居民找回"原来的味道"，同时让利社区居民，由此打造"社区便利店 + 农业合作社 + 农场 + 农户"的平台化运营新模式。截至2019 年 6 月底，顺义区共开设了 13 家"供销益家"便利店，摆设的商品为周边居民提供便利的同时，也助力了沽源百姓走上脱贫道路。

（三）昌平区引进"箱式"便民商业新模式

为解决部分社区缺少商业性房源，传统便民网点难以入驻，传统便民网点店铺选址难、运营成本高、行政许可周期长、搭载服务种类有限，疏解整治工作造成原有便民商业网点数下降等问题，昌平区鼓励品牌连锁企业创业创新，着力引进新零售业的商业模式——"箱式"便民网点，有效解决了实体空间不足的区域产品供应问题。昌平区商务委协调北京合盛牧耕连锁商业管理有限公司，在回龙观新村社区和回龙观"1818"街区等多个社区内引入了"箱式"蔬菜零售网点，并通过协调区工商分局、区食品药品监管局等部门，从审核经营主体资格、设置规划、提出需求、审核复审、验收备案、日常监管六个方面入手，共同出台了"一区一照"备案登记管理制度，为推广"箱式"便民网点提供了制度保障。

第三节 区（镇、街）的典型做法

一 东城区全面建设便民服务综合体

东城区以社区菜市场、综合超市、生鲜超市为载体，将具有生活性服务业优质资源的企业引入本区，通过集聚各类资源建设社区商业便民服务综合体。在 2017 年综合体实现街道全覆盖的基础上，2018 年新增综合体 14 个，2019 年又新建或规范提升各类便民商业网点 40 个。在便民服务综合体规划建设过程中，东城区采取以下方式确保便民服务综合体效用最大化。一是通过入户、召开楼门院长会、党员会等多种形式，强化基层调研，问需于民，服务群众生活；二是将因违法建设、背街小巷环境脏乱等问题被疏解整治的空间，经调研论证优先用于便民商业综合体的建设；三是融合居民急需业态及社区党建服务，通过鼓励果多美水果超市、7—11 便利店、景山养老驿站等便民网点搭载蔬菜零售服务，多渠道搭载满足居民日常购菜需求；四是东城区扶贫对口城市崇礼负责为综合体提供部分菜品，确保菜品新鲜实惠；五是加快推进现代信息技术、电子商务与生活性服务业的智能化对接，强化智慧服务。

二 海淀区打造社区商业 e 中心

自 2017 年底开始，海淀区全面开展"海淀区社区商业 e 中心"建设工作，以 8＋N 项服务功能（蔬菜零售、便利店包括社区超市、早餐、快递、便民维修、家政服务、美容美发、洗染等 8 项基本性服务功能和 N 项选择性业态）为依托，融合新型科技手段和创新服务模式，为社区居民提供"一站式"的综合性社区商业服务。截至 2019 年 5 月，已在全区 13 个街镇挂牌建成 22 处社区商业 e 中心。在 e 中心的布局建设上，结合"一刻钟社区服务圈"及"街区规划师"等工作开展，先谋后动，科学布局。以社区为单位、居民需求为主导，重新梳理完善街区规划，科学配置包括社区商业 e 中心等多种业态在内的街区生活性服务业设施。在 e 中心的选址上，特别关注关停市场和疏解整治区域周边区域，秉承保障先行原则，提前布局谋划，充分利用疏解整治空间资源，实现"腾笼换鸟"。对一些不具备建设大型综合服务设施的区域，或将原先功能传统、单一的社区超市转型升级为"小而精"的社区商业 e 中心，以生鲜超市和 24 小时便利店为主要业态，或将原先位于社区内部的小饭馆转型升级为社区商业 e 中心，引入连锁生鲜企业为居民提供菜篮子及社区超市服务，并根据需求添加便民维修、定制床品、改衣、理发等服务项目。

三　丰台区创建生活性服务业示范街区

北京市生活性服务业示范街区创建工作启动以来，花乡草桥镇国寺北街作为区商务委选定的 3 个点位之一，经过借鉴上海、杭州等国内先进地区经验，结合街区业态现状以及周边居民生活需求，系统谋划整体设计，形成了街区优化方案和工作实施方案。对招商引进的品牌企业设计制作统一的门头牌匾，并适量补充完善基本便民服务中需求较大的蔬菜零售、便利店、早餐等业态。对不符合街区培育品质的小店铺、小门脸进行调整退出，同时加大连锁品牌企业引进力度，特别是百姓认可的老字号品牌。借助"智慧草桥"App，为居民提供网络在线服务，极大地提升了服务便利性。制定街区商户服务公约和街区公共管理秩序标准，督促商家经营规范化，实现街区管理标准化。通过实施消费标识提升工程、街区环境改造工程、夜景亮化工程、商户升级工程，使街区美化、品质提升。

四　大兴区兴丰街道破解百姓买菜难问题

针对疏解整治提升后，商业布局有缺失、生活性服务设施变得不充分的问题，大兴区兴丰街道先后在多个社区开设七家便民菜店，有力解决了居民买菜难的问题。同时，为提升生活性服务业品质，对兴丰大街四环超市、黄村东里福乐嘉生鲜超市、兴华中里"鲜时汇"生鲜超市进行了统一整治，要求所有商家必须持有经营证照，不准占道经营，窗口一致向内侧并统一门面装饰。同时，安排社区专干定期巡视本社区内各门店的情况，对无照、违法占道经营的门店随时进行清除。由此造成的缺口，需要通过引进优质资源进行有重点、有次序的增补，为居民特别是上班族提供一站式购物服务。

五 门头沟区着力补充便民服务短板

门头沟区从全区网点布局着手，坚持需求导向，持续推进便民网点的"六化"发展，引导零售、餐饮等生活性服务业组合发展，补充便民服务短板，便利百姓生活。针对小园、石门营等四个大地块安置社区（涉及近10万人）土地手续不健全，底商暂不能交付使用，居民生活非常不便利的实际情况，以区政府名义转发了《门头沟区对生活性服务业品质提升中蔬菜零售网点和便利店实施限时备案管理的有关措施》，为兼顾便民服务与网点监管提供了实现路径。2018年，门头沟区商务委通过限时备案管理工作联席会，为29个便利店和蔬菜零售网点进行了备案，在保障社区居民生活需求得到满足的同时，实现了网点的源头规范化管理。同时，通过组织座谈、政策解读、行业标准规范宣传和贯彻等多种形式，主动服务企业，持续开展个性化"一线"服务。加强对任务市场和便民商业网点的巡查和指导，及时掌握各新建网点的运营状况，在指导企业按照"六化"标准规范化建设的同时，把安全用电、排除隐患同部署同落实，鼓励并引导企业根据社区实际情况增加服务内容。

六　怀柔区有效解决农村地区末端配送"最后一公里"问题

由于配送成本高、人口分布较为分散、业务量未成规模等，农村地区快递业务发展明显滞后，农村消费者尚未感受到快递服务的快捷与便利。怀柔区按照千人以上大村、边远村庄的标准，通过深入一线广泛走访，确定了 50 个农邮通示范点选址，在原村邮站的基础上，保留原有功能，通过粉刷墙面，制作统一标志标识，添加储物柜、监控等设备，完善基础设施建设，从单一接收邮政信件和报纸，调整成为具备接收和邮寄不同快递企业包裹的多方位服务模式。农邮通示范点搭载快递末端服务平台，通过与区部分快递企业签订快件代收转投协议，让其在确保完成基本服务的基础上，承担当地快件代收转投服务。目前，EMS、邮政小包、顺丰、京东、宅急送等快递企业已实现了寄递配送上门全覆盖。怀柔区还先后制定并印发了《农邮通示范点建设标准》《农邮通示范点人员岗位职责》等保证工作取得实效的规范文件，确保为农村消费者提供安全、便捷、优质的寄递服务，有效解决农村地区末端配送"最后一公里"问题。

第四节　存在的问题

一　房租上涨过快，导致低利润水平的生活性服务类企业很难在中心城区立足

生活性服务类民营企业虽然是居民生活必需，但一般利润较低，在房租每年都上涨而且涨幅超过 5%，甚至超过 10% 的情况下，持续经营存在很大困难。2019 年西城区就曾出现一便民菜市场因房租上涨不得不关停的情况，街道领导主动上门协调，但房子层层转包，房东说按市场规律办事，街道领导无可奈何。

二　优惠政策落地滞后

2018年，市商务委联合市市场监督局出台了一系列优惠措施，但到了办事窗口就打折扣。如一区一照问题，企业到了街道，有的街道还会要求符合资质的企业提交原来的各种材料，而对新政策却说没接到通知。企业怕得罪相关部门后在其他方面被刁难，也不敢向上级部门反映，只能吃哑巴亏。再有，2019年5月29日，国务院总理李克强主持召开国务院常务会议时曾提到"家政企业进社区，其租赁场地不受用房性质限制"的支持政策，但目前北京市具体实施办法尚未出台，便民网点新建或者迁址时，仍要求选择商用性质的房屋。商用性质房屋除了租金、运营成本（水、电费用）较高之外，更重要的是其距离社区居民较远，不便于为居民提供服务。

三　部门间政策不协调

各职能部门只管各自负责的环节，政策不协调问题让企业不知所措。例如，为解决居民生活不便利问题，市商务局为企业提供了一些空置地块，但基于地方控规将其定为改造区域，机关事业单位房屋不允许出租，央产房源属地政府无权协调等原因，房产证明无从提供，造成企业无法在市场监督管理局登记注册，办理营业执照。

四　政策开放度有待进一步提高

目前，北京市关于生活性服务类企业的一些支持政策存在申报门槛高、企业很难真正惠及的问题。比如必须为连锁企业，有5家以上门店；或财务状况良好，实现盈利等。一些生活性服务类企业，特别是新零售类企业在短期内开店数目较少，暂时无法形成连锁规模；新零售融合了零售和餐饮，在建设过程中会花费大量资金在后厨改造、电量增容等项目上，发展前期一般也很难盈利。还有，新零售业态硬件、整体改造及研发投资巨大，研发人员工资却不在补贴范围内；新零售包括零售和餐饮，食品制售面积超过30%的要办理流通类和餐饮类两种许可证，需要跑两趟。

第五节　对策建议

一　调控生活性服务类行业房租

限制房租层层转包，特别是国有产权的场所，不得转包，只能和国有单位直接签订租赁协议。探索借鉴加拿大安大略省、德国等的经验，采取对房租上涨进行限制的方法（加拿大安大略省每年都规定了一个房租上涨幅度，2019年是不能超过1.8%，超过房东就要到政府备案并解释为什么超涨，政府不同意涨则不能涨，德国也有限制房租上涨的法案）。

二　完善政策落地检查和企业反馈机制

加强政策落地的宣传、检查制度，确保优惠政策及时传达到窗口单位。尽快落实2019年12月3日国务院办公厅下发的《关于建立政务服务"好差评"制度提高政务服务水平的意见》，全面及时准确了解企业和群众对政务服务的感受和诉求，接受社会监督，有针对性地改进政务服务。完善企业反馈渠道，加强对窗口服务态度和政策执行情况的抽查、暗访，保护好反馈企业的信息（比如企业反馈信息后，上级部门可通过抽查名义去核实问题），让企业敢于反馈问题，及时反馈问题。推动部门之间协调合作，对于反馈的问题及时通过部门联席会给予解决。

三　构建数据资源共享平台

目前，政府与企业之间的数据等资源多处于相互隔离的状态。建议政府要引导生活性服务互联网企业等将宏观运行及地区分布数据接入政府管理平台，为政府治理及推动行业与企业自律提供依据。

四 构建生活性服务业标准体系和红黑榜

在已有 10 个行业（业态）标准规范体系基础上，不断完善和拓展，形成宽严适度和场景有别的北京生活性服务业标准体系，规范和约束企业行为。探索设立"红黑榜"制度，加强对黑榜企业的检查，让企业和从业人员越规范越便利、越诚信越受益，不规范、不诚信则被淘汰。

五 开展老字号进社区活动

要有重点地打造和恢复一些生活性服务的老字号，出台鼓励政策，推进老字号进社区，包括在社区建零售外卖点、开分店、开展区域网络配送等。

六 发挥行业协会作用

要发挥行业协会作用，推进如美发协会、健身协会等行业协会的建设。目前，北京市健身和美发协会中就针对倒闭跑路问题建立了就近接收会员的机制，赢得了良好反响，促进了行业健康发展。如健身协会下的企业倒闭，可以按每位健身会员 20~30 元的价格由就近企业接收。

七 强化政府监督和"补缺"责任

政府要本着严格监督和对市场失灵问题进行"补缺"的原则，发挥好"裁判员"和"补缺员"的作用。一方面，要严格对生活性服务业进行监督，确保不出现食品安全等问题。另一方面，要针对生活性服务业存在的市场失灵问题，进行"补缺"，加强对区域生活性服务业分布的统计和分析，及时出台引导政策，查漏补缺。要加强部门合作，确保出台的优惠政策确实能够落地。比如因特殊情况，企业住所无租赁合同房产证明的，商务部门出具证明后也可以办理营业执照进行营业；对提供生活性服务类企业的用地需求，市国资委等部门可给予优先支持等。

第四章　推动北京市高精尖制造类
民营经济发展研究

近年来，北京市深入实施非首都功能疏解，积极落实京津冀协同发展战略，加快产业结构调整，努力构建高精尖产业结构，不断推动北京制造业高质量发展。在此新阶段下，北京市高精尖制造类民营企业发展面临一些问题，亟待破题。

第一节　关于发展高精尖制造业的四点认识

一　高精尖制造业是现代科技水平的集中体现

制造业，特别是高精尖制造业是科技创新的主要载体，是现代科技水平的集中体现。综观世界，发达的制造业和先进的制造技术，已成为衡量一个国家和地区综合竞争实力和科技水平的重要标志。信息技术也是以制造业为载体，金融业发展的最终目的也是服务包括制造业在内的实体经济。现阶段，发展制造业是振兴服务业，实现现代化的重要途径，没有制造业的高度发达就难以实现社会主义现代化强国的目标。此外，制造业产品是参与国际贸易的主力，是增强国际竞争力的重要依托，也是促进服务业振兴，提高整体就业水平的根基。

二　西方发达国家高度重视制造业复兴

早在 2008 年金融危机后，奥巴马政府便提出复兴美国制造业，美国借助金融危机复兴制造业，特别是先进制造业来提高创新能力，实现经济增长，以保持对其他国家的竞争优势，维持产业利润国家分配的主导权。特朗普更是高调提出"制造业回归"，让美国制造业再次伟大。德国提出了"工业 4.0 计划"，以此实现工业生产过程的智能化。通过制造系统的智能化促进整个社会的智能化，整个社会的交通运输、物流、工业生产都智能化交互在一起，极大地提高了社会全要素生产率。

三　发展高精尖制造业是北京发展的必然要求

改革开放以来特别是党的十八大以来，北京制造业紧紧围绕首都战略定位新要求，积极推进产业结构调整和优化升级，深入推动京津冀协同发展，加快从集聚资源求增长向疏解功能谋发展转变，推动"北京制造"向"北京创造"转变。这就要求北京必须适应新时期发展需要，大力发展高精尖制造业。

四　北京具有发展高精尖制造业的便利条件

根据《北京市十大高精尖产业登记指导目录》（2018 年版），北京当前重点发展的高精尖产业主要为新一代信息技术、集成电路、医药健康、智能装备、节能环保、新能源汽车、新材料、人工智能、软件和信息服务、科技服务业 10 个行业大类。当今北京正在疏解一般制造业企业，但仍具备打造高精尖产业，适度发展制造业的便利条件。一是北京制造业具备一定的产业规模和发展潜力，具有较好的发展基础。目前中关村一区十六园构建了各具特色的发展格局，已发展成包括以机械、电子、汽车、医药等 9 种产业为主的制造业体系，并形成了多个不同层级的工业区，现代制造业蓬勃发展，自主创新能力不断加强，一批制造类民营企业成长壮大起来。二是北京具备技术、人才、资金、市场等方面优势。作为首都，北京拥有众多科研院所人才资源，在信息技术、科技创新研发上具有突出优势，"三城一区"的建设发展为北京高精尖制造业发展和传统制造业技术改造提供了有利条件。三是北京拥有巨大的消费市场，各种交易活动和市场需求丰富，为制造业适度发展提供了市场机遇。

第二节　北京市高精尖制造业发展的
现状和存在的问题

从数据上看，2019 年全市规模以上工业增加值按可比价格计算，比上年增长 3.1%。高端产业贡献突出，高技术制造业、战略性新兴产业，增加值分别增长 9.3% 和 5.5%，经济结构持续优化。2019 年 1~11 月，中关村示范区规模（限额）以上高新技术企业技术收入占总收入的比重为 18.1%，创新驱动效果进一步显现。展现出高精尖产业发展的良好势头。但是，北京市的高精尖制造业发展也存在一些需注意的问题。

一　成本上升导致后续增长乏力

据调研了解，近几年来北京制造业成本不断攀升，加上受疏解非首都功能、执行产业禁限目录、环保整治等因素影响，高精尖制造类民营企业的生产经营不确定性增加，个别符合高精尖发展方向的企业，后期投产也受到产业禁限目录的限制，影响发展后劲。这导致一些制造类民营企业的研发设计环节从北京撤离，一些创新型企业离开北京，流向长三角、珠三角，甚至是西安等地。

二 产业高精尖要求导致产业链不完善

完整的产业链是高精尖制造业发展的必要条件。当今知名跨国公司竞争已不单是技术竞争，还包括产业链竞争。北京特殊的城市功能定位，导致其只能发展高精尖制造业，而高精尖制造业的产业链可能也包括非高精尖产业，这就导致北京高精尖制造业整体处于孤立发展状态，产业聚集度和关联度偏低，提高了企业经营成本。

三 京津冀协同发展需进一步完善

京津冀协同发展是北京高精尖制造业发展的重要一环，在更大的区域内城市间产业分工协作，也符合城市化发展的规律。长久以来，京津冀三地在产业上自成体系，产业联系不足，落差大，高精尖制造业未能形成研发、制造、配套完整的产业链条。京津冀区域协同发展程度落后于纽约城市群及国内的长三角、珠三角城市群。城市群内产业协同发展不足，使得北京高精尖制造业发展缺乏有力支撑。

四 土地要素限制高精尖产业进一步布局

近年来，北京市制造业面临日益趋紧的用地限制。一方面，增量用地稀缺。新版北京城市总体规划明确提出减量发展的要求，压缩工业用地比重，北京市工业用地出让面积逐年减少。另一方面，存量用地使用低效。北京缺乏较为完备的存量用地盘活机制和低效工业用地退出机制，出现很多工业用地闲置、低效利用现象，这导致部分高精尖制造业项目落地难、进展缓慢，直接影响企业经营和扩大再生产。

五 融资困难制约企业转型升级

整体而言，民营企业的日常运营和扩大再生产依赖于自给资金流，银行贷款比例较低。银行对于民营企业房贷审批门槛较高，风险把控也较为严格，并且民营企业申请银行贷款平均利率也高于国企，加上第三方机构收取担保费、评估费、咨询费、审计费、公证费等多种费用，推高了民营企业融资成本。高精尖制造类民营企业在创业初期及技术升级改造时期对资金需求迫切，资金问题得不到解决，制约着企业转型升级。

第三节　对策建议

一　激发高精尖制造类民营经济投资活力，推进新旧动能转换

一是拓宽领域引民资。积极稳妥引入各类社会资本参与国企结构调整与重组，采取引入民营资本或出售给民营企业的做法剥离国有企业子公司，减缓国资国企对民营资本的挤出效应；建立行业准入负面清单制度，破除民间投资进入电力、交通、油气、养老、教育等领域的隐性壁垒，取消对民间资本单独设置的歧视性条款，真正做到民营企业投资"非禁即入"，保障民营资本的合法权益。二是降低成本稳民资。利用现代信息技术手段优化行政管理程序，使降成本措施冲破"最后一公里"的束缚，降低制度性交易成本；以供给侧改革为抓手，增加特许经营行业的供给主体，进而减少垄断成本；进一步深化生产要素的市场化改革，降低民营企业的用地、用工、房屋租赁和电力能源等生产要素成本，强化对民营企业创新中的知识产权保护，即降低其创新成本。三是法治精神安民资。市场经济以法治精神为出发点和归宿，法治在增强民营企业投资信心、激发民营企业投资活力方面起到"压舱石"的作用。政府要以法治精神保障民营企业经营管理的自由度，给予民营企业法律规范下的自由经营权，减少行政打搅，不进行无益的检查和评优，对民营经济的市场监管应在"法无授权不可为"的前提下做到"有需求有服务，无需求不打扰"，以法

治精神保障民营企业财产的所有权和自由支配权，确保民营企业家"有恒产有恒心"。

二　着眼京津冀产业分工，打造高精尖制造业完备产业链

利用非首都功能疏解的历史机遇，将北京制造业比较优势资源入驻天津市和河北省，深度推进北京市与天津、河北的产业对接，延长高精尖制造业产业链，优化三地制造业资源配置，提升京津冀先进制造业整体水平。一是主动将北京市产业链中高端环节向河北省延伸，杜绝高污染、低附加值的行业，带动河北省先进制造产业链向价值链高端延伸，实现"补链"；二是利用北京市研发资源转移，以北京市先进技术溢出促进天津市全国先进制造研发基地建设，实现"强链"；三是通过项目对接和载体对接构建京津冀协同发展的完整链条，实现产业链整合与贯通，打造上下游衔接的高精尖制造业产业链。

三　因地制宜纾解高精尖制造类民营经济融资困境

针对制造类民营经济，北京市在专项金融扶持政策上空间不大，可结合北京自身实际和权限，采取措施疏解民营经济融资困境。一是对高精尖制造类民营经济提供专项贷款。对符合经济结构优化升级方向、有前景的民营企业进行必要资金救助，帮助北京地区产业龙头、就业大户、战略新兴行业等重点高精尖制造类民营企业纾困。二是推进市场征信体系建设。加强信用方面的管理，建立健全企业的信用及其担保体系，鼓励制造类民营企业间互助担保，政府也应做好与银行、制造类民营企业间的协调工作，降低民营企业融资成本。三是进一步优化营商环境，降低企业经营成本，纠正一些政府部门、国有企业利用优势地位拖欠民营企业款项的行为，提高民营企业自身资金利用效率。

四 引导高精尖制造类民营经济精准定位

北京应引导高精尖制造类民营企业认准当前形势，调整自身战略定位，采用更加机动灵活的生产经营方式，适应北京城市发展的政策趋向。一是集中优势。许多国外制造业知名企业就是长期几十年聚焦在一个细分领域而成长为行业巨头，要发挥"小"的优势，把有限的资源与能力集中到某个细分市场上，形成核心竞争力，力争做到"小而精"。二是善于在夹缝中生存。在社会消费需求日趋多样的环境下，民营企业应发挥好机动灵活的特性，抓住市场需求，谋求差异化，抓住大企业反应慢或者不重视留下的市场缝隙，做大企业的市场补充。

五 发挥高精尖制造类民营企业优势留住人才

民营企业相对国企而言，管理方式更加灵活，应发挥民营企业优势，留住技术人才。一是建立规范的薪酬制度和完善的保障制度。制造业企业劳动强度高、工作压力大，民营企业相对于大中型企业的工作缺少稳定感，必须在收入和制度上进行保障，确保员工们的利益不受损失。二是制定人才培训规划。加大培训力度，鼓励员工参加培训提升能力，提高员工的工艺创新能力，并建立起企业工艺创新激励机制，将创新成果与员工收入挂钩，激发员工的积极性、创造性。三是营造良好的企业文化氛围。发挥企业管理者的影响力，带领员工应对挑战，把企业的目标与员工的职业生涯计划进行有机结合，提高员工的归属感，激发工作热情。

第五章 促进北京市科技服务类民营企业发展研究

科技服务业是现代服务业的重要组成部分，是为科学技术产生、传播和应用提供智力服务的所有独立核算的组织或机构的总和。科技服务类企业直接服务于技术研发，是沟通服务业与科技业的重要桥梁，对提高科技创新能力、加速科技成果向现实生产力转化具有重要意义。北京市作为全国科教实力最强的地区之一，具备大力发展科技服务业的突出优势与坚实基础。同时，新版城市总规提出的科技创新中心的战略定位，客观上也要求北京市必须实现科技服务业高质量发展。为此，本调研团队对全市科技服务类民营经济发展状况进行了深度调研，梳理出了当前主要工作成绩及存在的问题，并有针对性地提出了对策建议，以供领导决策参考。

第一节 产业发展现状与主要工作

一 发展现状

据了解，北京市相关管理与统计部门并未对科技服务业中的民营经济实体进行单独核算，无法掌握相关领域民营企业的具体数据。本书将从市科委介绍的部分情况出发，尽可能对其进行梳理。北京市科技服务业主要包括研发服务、工程技术服务、设计服务、科技金融服务、创业孵化服务、科技推广与技术转移服务、知识产权服务、科技咨询服务、检验检测认证服务等九大领域。2018 年全年，北京市科技服务业实现收入 8794.86 亿元，地区生产总值绝对值数 3223.9 亿元，比上年增长 10.4%。

北京市科技服务优势领域集中在工程技术服务、科技金融服务、研发服务、设计服务等板块。以上四个板块大型骨干企业集聚、研发创新能力强，产业规模大，在科技服务业九大领域收入占比超过 70%，同时骨干企业集聚，以央企为主。这些领域主要以国有资本为主，市场准入门槛高，民营企业数量较少，市场化竞争不激烈。

北京市科技服务业民营企业主要集中在创业孵化服务、科技推广和技术转移服务、科技咨询服务等三个板块。不同板块之间民营企业的发展情况还有所不同。首先，创业孵化服务，民营性质的企业占比高达 1/3。其次，科技推广和科技转移服务，民营企业占总体数量的 55%，发展速度比体制内机构高 2~3 倍。最后，科技咨询服务，除工信部下属赛迪智库外，其余绝大部分均属民营企业，该领域市场化运营和发展规模领先全国，多元化主体发展等模式创新不断涌现。除此之外的知识产权服务、检验检测服务两大领域，虽有民营企业存在，但在数量和市场地位上并不占主体地位。

由此可见，北京市科技服务业民营经济呈现板块发展不均，市场占比不强，产值利润较少等现状。这一方面是部分高技术领域高资本投入、高风险压力的客观准入壁垒，另一方面也体现了北京市部分科技服务市场国有垄断程度高、市场化程度低的现实困境。当然，我们也欣喜地发现，往往在民营经济占市场主体较大的领域，市场活力就会比较高，发展速度与创新能力也明显强于国有资本垄断领域。

二 北京市出台的相关措施

为加快北京市科技服务业的发展，充分发挥科技服务业对科技创新和产业发展的支撑作用，促进科技经济深度融合，推动创建高精尖经济结构。2017 年北京市制定发布了《北京市加快科技创新发展科技服务业的指导意见》提出，到 2020 年打造一批具有国际影响力的科技服务业龙头骨干企业，培育一批拥有核心技术的科技服务高成长企业，涌现一批科技服务创新型企业，实现首都科技服务资源潜力充分释放、市场化程度进一步提高的目标。

与此同时，北京市科学技术委员会（以下简称市科委）也进行了大量工作，促进北京市科技服务业的高质量发展。一是建立工作机制。编制《北京市科技服务业扩大开放综合试点重点科技领域开放改革三年行动计划》，成立服务业扩大开放科技领域工作专班及高精尖科技服务业领域工作专班，成员单位包括市科委、市教委、市发展改革委、市地方金融监管局、中关村管委会等 23 个部门，以及 16 个区人民政府与经济技术开发区管委会。专班成员由各成员单位的主管领导、责任处室（部门）负责人和联系人构成。

二是加强工作统筹。与统计局对接研究高精尖科技服务业统计体系，初步形成高精尖科技服务业领域统计目录，与市知识产权局研究引进国际知名知识产权服务机构，与市场监督管理局对接检验检测认证服务业发展及规范措施相关情况，与大兴区、顺义区对接，系统分析梳理国际临空经济区发展情况，根据北京临空经济区发展基础与特色，结合北京科技服务业发展需求，初步提出临空经济区科技服务业布局的考虑。通过调研、专家座谈等多种形式，在进一步加强科技服务业各细分领域研究的基础上，编制《2019 年北京市推进科技服务业发展工作方案》及《北京市加快科技服务业发展三年行动计划》，加强产业统筹并压实任务，明确推进科技服务业发展的实施路径。

三是建立重点项目和企业库。梳理全市重点项目，共计 28 个，其中海淀区 14 个，朝阳区 6 个，石景山区 2 个，丰台、房山、通州、大兴、顺义、经开区各 1 个。以对科技服务业细分领域的研究为基础，对各细分领域企业按照规模大小、发展潜力进行分类，形成各细分领域的重点跟踪服务企业名单，根据企业及项目需求，精准服务、全流程跟踪。

三 突出成绩

北京市科委与相关部门围绕着全国科技服务中心建设和"高精尖"经济结构构建任务，在科技服务业领域投入了大量工作，也取得了可喜的成绩，具体情况如下。

一是注重高新技术企业发展，使其成为创新创业主力军。近年来北京高新技术企业发展态势迅猛，数量由 2008 年的 2634 家增至 2017 年的 20163 家，年均增长率达到 25.37%。北京市高新技术企业数量位居全国第二，与广东（含深圳）、江苏位于全国第一梯队，三地高新技术企业总量占全国的五成以上。

二是推进科技成果转化，为高质量发展提供科技成果供给。加快建设"科技成果转化统筹协调与服务平台"，加强高校院所科技成果转移转化，为科技产业高质量发展提供科技成果供给。坚持问题导向，补齐科技成果转化关键环节短板，建立符合科技创新规律和市场经济规律的成果转化工作体系；坚持改革突破，深化科技体制机制创新，更好发挥政府作用，搭建成果对接服务平台，汇聚各相关市级部门、各高校院所、各相关区、各市场主体的力量，构建"5433"工作格局，形成科技成果转化落地强大推动力，协同推进科技成果转移转化。

三是创新创业服务全面升级，成为经济发展的新动能。目前，全市包括众创空间、科技企业孵化器、大学科技园等在内的各类双创服务机构近400 家。北京市引导大企业、科研院所和高校开放资源，促进众创空间专业化发展。通过科技服务业科技创新创业专业开放平台子专项支持建设科技创新创业专业开放平台。支持众创空间自主探索、自我管理、自律发展，探索各具特色的发展模式。同时，市科委还协同市财政局联合推出首都科技创新券，服务小微企业和创业团队。

第二节　存在的问题

一　集聚效应不够突出，产业链有待完善

北京市中心城区科技服务业产业集聚区规模较小，产业链条发展不够完善，上下游企业衔接不紧密，往往会导致个别企业或以某项技术带头，但不能形成相互扶持的产业链影响科学技术的传播。此外中心城区周边的产业园区在规划和企业入驻时又出现行业布局不集中，企业间关联性较弱，缺乏专业化分工协作等问题。这些都将引发科技服务业关联带动能力差、服务效率不高、产业集群发展受限等困境。

二　企业研发投入偏低，科技成果转化渠道不畅

北京市高新技术企业的研发投入虽然高于全地区研发投入，但与全球创新能力强的科技企业相比，尚有不小的差距。同时，科技服务企业技术整合能力不强，缺乏成熟、成套技术。技术创新投入不足，直接导致技术储备不够，在高端服务方面竞争力不强。此外，科技成果在京转化落地率不高，高校院所科技成果相当一部分仍然停留在实验室阶段，企业与院所高校的结合不紧密，对接渠道不畅通，企业对院所高校成果的承接能力和条件较弱，而投资商和企业对尚未完成产品化开发的成果投资意愿较低，导致科技成果在向市场转化的过程中，存在关键环节投入缺位的问题。

三　缺乏系统公正的行业协会、准入标准和认证制度

当前北京科技服务类民营企业发展方兴未艾，但尚未出现本行业的统

一协会组织给予自治管理。同时，依据 2008 年国务院办公厅下发的《关于加快发展服务业若干政策措施的实施意见》规定，一般性服务业企业注册资本最低限额为 3 万元。较高的准入门槛，提高了民间资本的准入条件，抑制了科技服务领域中小企业的注入，一定程度上制约了北京市科技服务业规模化发展。同时，北京市科技服务业人员职业资格认证标准尚未出台，致使科技服务人员素质参差不齐，这也严重制约了北京市科技服务业民企的快速发展。

四 市场化运作机制尚不成熟，民间资本投入乏力，市场竞争尚不充分

目前，北京市科技服务业融资市场化机制仍不完善，绝大部分领域的科技创新投资都由政府"买单"，通过股份制、发行股票等方式吸引民营资本及社会闲散资本注入遇到不小阻力。由于科技开发初期风险性大、收益期长，金融机构和民间资本往往不愿参与科技服务企业初期投资，这也降低了企业科技创新与开发的动力。此外，科技服务业中不少领域官办色彩浓厚，过度依赖政府的局面没有得到根本扭转，市场化竞争水平较低，民营企业难以进入特定行业。这也引发了服务能力与效率的低下，致使北京市科技服务业难以适应国内外相关机构的市场竞争，也难以适应市场高智力服务业务的要求。

第三节 对策建议

一 打造品牌性科技园区，提升科技服务聚集资源能力

利用中关村科技城、昌平未来科技城等地区产业的资源和区位优势，打造品牌科技服务园区，吸引一批国家级研究院所和高科技企业入驻，发

挥产业集聚效应，形成高技术企业集群，为培育战略性新兴产业打下基础。以此来提升北京市科技服务业民营企业的竞争力，促进全市科技服务业的健康快速发展。

二　积极推进科技服务业行业协会建设与标准建设，实现行业自律、专利保护及人员认证

行业协会肩负着其行业内部的协调沟通、统计监督等解决重大事宜的责任，它对行业内各企业起到表率与桥梁的作用。因此，北京市科技服务类民营企业要想得到快速且健康的发展，就必须积极建设相关行业协会，促使改善行业统计体系整体构造，从而增加榜样企业的数量，加大对企业知识产权的保护力度。加快对行业准入标准和从业人员认证制度的建设，构建和完善与世界接轨、灵活的市场准入及认证制度。

三　加大财政鼓励扶持力度，建立多元化投资运作模式

政府对科技服务业民营企业的财务类政策支持包括三方面。首先，政府在财政上鼓励新兴科技服务民营企业的发展，可以适当扩大科技发展金和科技风险金的扶持对象范围，在税收上适当减轻新兴科技服务业和相关从业人员的负担。其次，政府应尝试建立起一种多元的科技服务业投资运作模式，引导健康的民间金融资金参与到科技服务业的运作需求当中去，减小资金链缺乏导致的研究活动失败风险。最后，由于中小型科技服务业的快速发展，政府还应该就中小型科技服务业企业提出相应的扶持政策，完善相关信息化平台。

四　引导科技服务类民营企业加大创新投入，畅通科技成果转化通道

进一步加大研发费用加计扣除政策的落实力度（特别是中小企业）。

同时，支持民营企业自身加大研发投入，吸引更多的社会资金投入科技研发，真正让企业成为研发投入的主体。充分发挥企业在科技创新和成果转化中的主体作用，通过引进人才、搭建平台、联合建立实验室和中试熟化平台等形式，全方位与院所高校建立产学研合作的紧密机制，让院所高校高质量科技成果成为企业技术创新的源头供给。发挥企业需求对科技创新的牵引带动作用，切实打通成果转化落地的"最后一公里"。

第六章　推进民营经济创新发展研究

2020 年初，突如其来的新冠肺炎疫情一度让民营经济发展按下了暂停键，为数众多的民营企业特别是中小微企业被动停摆甚至破产倒闭，这场史无前例的疫情为民营企业带来了一次史无前例的大洗牌。经过社会各界近两个月的共同努力，国内疫情防控形势持续向好，各行各业正在稳步有序复工复产，在疫情中生存下来的民营企业面临着一次倒逼企业提升产业结构，实现发展新旧动能转换的难得的历史机遇。如何紧紧抓住这个机遇，跟上创新发展的步伐，推进民营经济新一轮的高质量发展，最大限度地减少疫情对行业和企业造成的不利影响，成为需要思考和研究的重要课题。在深入走访调研，综合分析研判的基础上发现，进一步推进民营经济创新发展，是培育民营经济发展新动能，加快实现民营经济高质量发展的有效途径。

第一节　北京市创新环境综述

自 2016 年北京建设全国科技创新中心上升为国家战略以来，北京市坚持把创新作为高质量发展的第一动力和城市发展深刻转型的主要抓手，确立了新目标，建立了新机制，构建了新布局，取得了新成效，发生了新变化。按照《北京加强全国科技创新中心建设总体方案》的目标要求，到 2020 年，北京作为全国科技创新中心的核心功能进一步强化，科技创新能力引领全国；到 2030 年，全国科技创新中心的核心功能更加优化，为我国跻身创新型国家前列提供有力支撑。北京市紧紧围绕这一总体方案提出的发展目标，加速"三城一区"主平台建设，发挥中关村国家自主创新示范区引领带动作用，出台一系列先行先试政策，涌现一批重大标志性原创性成果和创新型企业，形成了全市上下鼓励创新、支持创新的良好环境。

一 推动科技创新方面

北京作为全国科技创新中心，具有丰富的创新资源和强大的创新优势，是全球创新创业最活跃的城市，每天新产生约 200 家创新型企业，创业投资金额和案例数分别占全国的 30%，聚集了全国 60% 的人工智能人才，全球人工智能企业 100 强中，中国有 6 家，其中北京有 5 家。在最新的独角兽榜单中，北京有 82 家企业入选，占全国近一半，从科技创新 VC/PE 投资来看，全球的城市中北京仅次于硅谷。大批高精尖创新型企业的聚集，为北京产业升级与科技赋能带来蓬勃的活力、潜力和旺盛的生命力。创新型企业中绝大部分是民营企业，北京科技创新环境为民营科技型企业，特别是初创期的民营科技企业创造了良好的发展空间。反过来，这些企业的迅速发展、不断壮大，成为加速科技成果转化，推进高新技术产业发展的主要力量。

由北京市委统战部牵头、市工商联具体承办的北京民营企业百强调研与发布工作中，每年都有一个分榜单，即北京民营企业科技创新百强榜单。从 2018 年首届百强发布和 2019 年第二届百强发布的情况来看，北京民营企业在科技创新方面的发展势头非常喜人。2018 年民营企业科技创新百强上榜的 100 家企业，上一年营业收入总体规模 11583.2 亿元，同比增长 25.51%；2019 年科技创新百强上榜企业上一年营业收入总体规模则达到了 12196.9 亿元，同比增长 32.22%，涨幅比 2018 年提高了 6.7 个百分点。2018 年科技创新百强中营业收入超过 1000 亿元的有 3 家，2019 年变成了 4 家。2018 年科技创新百强的纳税总额 381.49 亿元，同比增长 36.53%；2019 年对应的数据分别为 568.5 亿元、43.2%，涨幅提高 6.7 个百分点。2018 年和 2019 年北京市民营企业科技创新百强数据对比详见表 6 - 1。

表 6 - 1　2018 年和 2019 年北京市民营企业科技创新百强数据对比

对比项目	2018 年	2019 年
营业收入（亿元）	11583.2	12196.9
营业收入同比增长（%）	25.51	32.22
营业收入超 1000 亿元的企业数量（家）	3	4
资产总体规模（亿元）	13070.25	14351.4
资产规模同比增长（%）	26.05	20.75
资产总额超过 1000 亿元的企业数量（家）	3	5
纳税总额（亿元）	381.49	568.5
纳税总额同比增长（%）	36.53	43.2
研发投入总额（亿元）	461.82	658.84
在全市研发经费（R&D）中的占比（%）	>25	—
研发投入总额同比增长（%）	—	49.28

二　推动管理创新方面

打造良好的创新环境，不仅指良性运转的科技创新环境，也要建设科学规范的管理创新环境，应当包括但不仅限于要求并帮助企业建立规范的内部管理制度，提高管理水平和效率，促使企业管理从粗放型向精细化转变；引导企业学习借鉴先进的管理制度和用人机制，对管理工作进行科学考核，逐步建立现代企业制度。近年来，北京助推企业破解管理制度上的痛点难点堵点及深层次问题，在科研管理、绩效评价、成果权益、资本支持等方面进行管理制度突破，出台科研项目和经费管理 28 条，给予科研人员更多宽容、信任。组建多个新型研发机构，解决科研组织管理形式问题，形成长期稳定的支持和开放灵活的用人机制。2019 年，全国企业管理创新大会在北京召开，得到北京市相关部门的大力支持和企业家、管理专家的积极参与，在推广交流新时代企业管理创新经验、探讨企业改革和管理面临的突出问题、传播国内外先进管理理论和方法等方面发挥了重要作用，对北京的企业管理创新环境建设也起到了重要的推动和带动作用。

从民营企业的角度出发，管理不仅是企业发展的永恒主题，更是企业长盛不衰的秘诀之一。民营企业，相当一部分是家族式企业，最大的短板在管理。近年来，越来越多的民营企业意识到这个问题，正在积极开展管理创新的探索。例如，北京服装行业以家族式企业为主要形式，普遍存在发展速度快、生存时间短的问题，由于经营权和管理权高度集中于家庭内部，无法吸收优秀的人才，很多企业的品牌观念滞后。前几年，在京津冀协同发展和北京"疏整促"政策的影响下，服装行业整体低迷，规模小的服装企业被大量淘汰，或破产倒闭，或被迫外迁，留下的规模稍大的企业则呈现共同的特点：通过管理创新获得新的生机。这些企业中，有的在品牌管理上狠下功夫，聘请品牌设计和运营的专业人士，打造推广自有服装品牌，有条件的逐步开展跨国经营；有的企业重新规划人员薪酬和人才招聘条件，重视服装设计和创意环节，高薪聘用设计人才，将自己的服装企业打造成文化创意领域的代表；也有一部分企业，改革销售管理理念，从批发零售这样的低端销售，转向高端限量销售，为企业生存打通了新的出路。

三 推动文化创新方面

企业文化是企业成员共有的价值和信念体系，在企业发展中起到导向、维系和约束作用。企业文化创新的实质在于实现企业发展理念和观点的突破。企业文化创新就是要打破与企业经营管理实际相脱节的僵化理念和观点的束缚，向新型经营管理方式转变。当民营企业跃升到一个新的发展平台，有眼光的民营企业家必然要对自己的企业文化进行重新审视，不断促进企业文化的提升和发展。

近年来，北京市深入学习贯彻习近平总书记在民营企业座谈会上的重要讲话精神，深入落实全国和北京市组织工作会议精神，深入推进北京市非公经济组织党建工作，为促进民营经济健康发展注入新动力。党建文化在民营企业中得到越来越多的重视，全市非公有制企业党组织覆盖率已达到83.9%。有远见的民营企业家们积极响应市委号召，高度重视企业党建工作，紧紧围绕企业核心业务开展党的工作和党群活动，坚持党建工作和企业发展一起谋划、一起部署、一起落实，取得明显成效，涌现出一批先进典型案例。

例如，北京民营企业91科技集团一直将党建工作作为企业发展的"红色引擎"，通过积极的探索和实践，逐渐摸索出一条具有自身特色的党建之路。集团党支部积极开展红色教育，让员工凝心聚力，夯实理想信念基石，充分发挥党支部锤炼党性的熔炉作用，突出政治功能，创新党员教育方式方法，在学思践悟中强化党员意识，着力打造"爱国奋斗、行稳致远"的红色企业文化。许多新入职员工纷纷表示："这种党建文化的浸润，让人感受到了企业的文化特质。"集团党支部书记、董事长许泽玮曾在"2017北京榜样"年榜人物颁奖典礼上说："我们一直把党建作为公司的'红色引擎'，党建不是天上飘着的云，而是扎在土里的根，党建做得好，公司就更加有动力！党建做得强，企业就更加有竞争力！"

四 推动商业模式创新方面

当今企业之间的竞争，不只是产品之间的竞争，而是商业模式之间的竞争，商业模式是企业发展战略的具体化。北京作为拥有2000多万人口的特大城市，各种类型的企业非常密集，市场竞争异常激烈。尽管鼓励创新的政策层出不穷，支持力度日益加大，但民营企业受自身资源和能力的限制，商业模式创新发展速度并不理想。很多企业在起步阶段的战略选择和商业模式设计往往呈现高度的趋同性，联想等电子行业的领军企业，在初创阶段都经历了"贸－工－技"的发展路径，即从"外贸＋服务"的商贸模式，到以低成本高效生产运营为主的生产规模型模式，演变成为以高科技制胜的科技领先型模式。互联网时代，新生代企业投入更多精力在商业模式创新上，并取得了令人瞩目的成绩。

例如，成立于 2010 年的小米科技公司，在短短几年时间里异军突起，成为国内仅次于华为的移动互联网公司，其主要产品领域也从手机拓展到家居智能设备。小米的成功不仅在于技术手段的创新，很大程度上取决于商业模式的创新，它所采用的饥饿营销、线上营销、新媒体营销、粉丝效应营销和高性价比营销，在当时都是极具创新性的商业模式。

第二节　民营企业创新发展的主要障碍

近年来，北京市积极响应中央号召，率先改革优化营商环境，进一步打破阻碍民营经济创新发展的桎梏，为北京民营经济打造更加优质的营商环境和更大的发展舞台。为统筹协调服务企业重大事项，相关行业主管部门作为"服务管家"，针对企业发展诉求，建立并推广重点企业"服务包"制度，通过用具体政策措施及时回应企业需求，稳步有序推动一批"服务包"确定的政策和承诺事项陆续落地兑现。北京市持续优化营商环境，精准服务民营企业的各项举措得到包括民营企业在内的社会各界的高度认可。然而，面对错综复杂、瞬息万变的国内外形势，受中美贸易摩擦常态化和新冠肺炎疫情影响，民营经济发展仍然面临很多难以跨越的"高山"，主要包括融资贷款、生产要素、政务环境、法治建设四个方面。

一是融资贷款难。相对国有企业而言，民营企业从银行获得贷款的难度仍然非常大。民营企业贷款难的主要原因在于缺乏抵押物、创业成果尚未转化、担保体系不健全、信息交换不及时等。从银行方面讲，银行机构目前的创新服务理念还不太适应小微企业的实际情况和需求，工商银行不良贷款率中小微企业占比相对较高，导致基层银行对中小微企业恐贷和拒贷的情况比较普遍。银行对民营企业抽贷、断贷的现象仍然不在少数。目前全国和各地区的征信体系并不完善，信用贷款缺乏必要条件。

二是生产要素成本居高不下。企业对人力、土地和物流问题的关注度正在上升。调研显示，规模以上民营企业认为用工成本上升的占到 35%，居各要素之首，具体包括外地人才（含京外和境外人才）进京落户难、中层管理人员和技术人员大量流失、职住矛盾突出等。认为国内市场需求不足的占 19.6%，成为影响企业创新发展的第二大因素。协调不同产业用地指标，高效利用腾退空间，以及进一步降低物流成本也成为企业关注的焦点。

三是政务服务改善无止境。随着优化营商环境系列政策的逐步落地，2019 年在走访企业的各类调研和座谈中发现，与政府沟通不畅已经不再是影响民营企业创新发展的主要因素，但个别部门对企业"清"而不够"亲"、政务服务不作为或慢作为、制定涉企政策时咨询企业家意见不充分、政企互动频率低等现象依然在一定范围内存在。在 2019 年对北京规模以上民营企业发展情况的调研中发现，在政策政务环境方面，企业认为压力较大的各项因素中，排在前三位的分别是：税费负担重、节能减排压力大和公共服务不到位，分别占 44%、18.5% 和 9%，此外还存在垄断行业开放度不高、垄断行业门槛过高等现象。

四是法治建设有待健全。在参与调研的企业中，有 45% 的企业认为市场秩序不够规范，是法治建设的最大短板。认为产权保护不足、民营企业在司法审判中的平等地位有待加强的企业占比均为 16%。认为依法行政不够规范的占 12%。此外，企业认为，维权成本仍然偏高，渠道不够畅通；执法力度不够，执行难问题普遍存在。社会法治意识不强，社会大众、部分政府部门和企业的守法意识都需要进一步加强。

第三节 推动北京市民营经济创新发展的途径

进一步深化改革开放，实施全面的综合配套改革，以改革为动力推动民营经济转型升级，是推进民营经济创新发展最有效的途径。改革优化营商环境，是其中最直接的一个环节。进一步改革优化有利于北京民营经济高质量发展的营商环境，就要着力打造有利于企业创新的融资环境、要素环境、政务环境和法治环境四大环境，让企业放心、安心、舒心，一心一意搞建设，心无旁骛地谋发展，焕发出最大的活力和创造力，以更大的热情和主人翁的姿态，投入改革开放和经济建设中来。

一 融资环境

一是大力推动金融机构改革。进一步改革银行风险防控指标体系和绩效考核办法，完善尽职免责机制，对优质的民营企业放宽不良贷款率硬性约束，明确民营企业贷款总量在信贷总规模中的最低比重，鼓励引导银行等金融机构加大对民营企业的资金投放力度。进一步创新民营企业抵押担保形式，在知识产权质押融资的产品设计、担保模式和管理方式上做出改进和优化。金融机构和监管部门应加强对新经济、新产业、新行业的了解与研究，支持金融机构科学设定授信审批条件，加快特色融资产品的开发与推广。打造银行端的供应链金融服务平台，进一步完善并推广应收账款融资业务。做大融资担保基金，制定奖补机制和政策，引导担保机构与银行业务联动、风险分担，降低贷款利率和担保费率，降低融资成本，提高融资效率，进一步明确银行等金融机构减免服务收费的具体项目和减免额度。

二是促进金融与科技的深度融合。探索利用大数据等新兴技术手段完善征信机制，降低银企间建立信任的成本。以区块链、人工智能、大数据、云计算以及生物识别等科技成果为支撑，创新打造金融服务民营企业的应用场景，推动金融支持民营企业的技术手段取得显著成效。完善信用体系建设，建立失信惩戒机制，构建全市统一的科技企业信用数据支持平台和综合信用评价体系，实现民营企业"精准画像"，破解信息不对称等现实难题，提升金融服务效能。

三是发挥资本市场支持创新的重要作用。用好技术产权交易所找技术，用好交易所的科创企业路演中心找机构，用好科技企业上市培育计划做好企业培育。健全多层次资本市场，满足不同生命周期企业的融资需求。孵化基地与 CVC 基金方式结合，提高科创企业孵化效率。北京科创中心的战略定位与科创板科技属性高度契合，要根据企业发展阶段与特点，开辟发展绿色通道，完善上市扶持政策，搭建上市服务平台，充实上市资源储备，为支持更多企业登陆科创板奠定基础。同时做好与主板块、新三板、创业板等资本市场的相互衔接及转板。

四是建立并完善有利于民营企业创新发展的投融资体系。建立金融服务常态化对接机制，做实金融机构与民营企业信息互联服务对接的平台。加强金融监管，发挥众筹、众包、众创、众扶等融资方式的作用，促使金融服务与民营企业创新实现有机融合。发展普惠金融，推动投贷联动，放松银行风险容忍度，有效增加种子期、初创期、成长期科技企业的金融供给，提升金融支持科技创新企业热情。

二 要素环境

一是推动创新人才特区建设。围绕北京科技创新中心建设愿景和高精尖经济结构需要，优化调整北京高校专业设置，打造一流专业和学科。政府设立紧缺专业教育专项经费和产业人员培训专项经费，依托高校、科研院所和科技创新百强，推进校企合作、人才培养、产教融合。深化开展"海聚工程""高聚工程"等重大人才工程，进一步优化完善外埠人才进京的绿色通道，在"三城一区"等重点区域建立人才一站式综合服务平台，为高端人才在进京落户、住房保障、职称评定、子女入学、交通出行等方面提供便利服务。加大引进国际顶级创新人才的力度，逐步建立起与发达国家相当的薪酬待遇、生活条件、教育医疗、社会保障，着力打造有国际竞争力的人才高地。适度扩大"工作居住证"的有效运用，在环京地区整体规划职场生活卫星城，有效解决职住平衡问题。

二是提升土地利用效率。加大对土地升级利用的政策扶持力度，加快推动土地立体开发，把好准入门槛，向投入要产出，提高承载能力；向空间要产出，缩短用地周期；向时间要产出，加强疏解腾退空间高效利用，以最低土地投入争取最大产出效益，实现土地集约、布局优化、产业升级的目标，引导土地利用从单一功能向综合功能转型，大幅提升土地利用效率，统筹解决企业用地难题。

三是加强对物流行业合理引导和扶持。加快推进提升综合交通运输网络效率、降低交通运输物流成本系列政策实施，科学规划物流基地转移和新增物流用地，加强物流领域收费清理工作，优化高速公路收费制度。在当前疫情防控常态化的特殊时期，快递物流业冲在疫情防控第一线，是保民生、保运行、保复工的关键力量，相关部门应以此次疫情为契机，进一步支持引导物流业发展，完善快递物流治理体系，促进先进技术在物流业的应用，助推物流业务模式创新，研究制定扶持物流行业发展政策措施，构建高效运转的应急物流体系。

三　政务环境

一是搭建好企业家与政府的"直通车"。深入贯彻落实《北京市大力营造企业家创新创业环境充分激发和弘扬优秀企业家精神若干措施》《优化营商环境条例》《关于营造更好发展环境支持民营企业改革发展的意见》等政策文件精神，通过议政会、专题座谈会、团体提案和政协大会等形式，不断畅通民营企业与政府各部门的对接渠道，进一步建立健全企业家参与涉企政策制定机制，鼓励企业家积极参与涉企政策制定前、执行中以及后期评价全流程。

二是扩大政府"服务包"联系面。深入推进企业服务管家工作，进一步根据企业定位提供普惠式服务包，根据企业遇到的问题提供定制版服务包。继续完善相关行业主管部门针对重点企业提供的"一企一策"个性化服务，通过上门送政策、送信息、送服务、送温暖，协调解决突出问题。进一步畅通政商对接渠道，推动更多百强民营企业进入"服务包"重点企业名录，不断激发民营经济的创新创造活力。

三是进一步减税降费，降低企业经营成本。要高度关注减税降费政策落实中出现的新情况，进一步完善政策举措，提升申报便利度，加大对违规行为的监管力度，让大中小微企业都得到实惠，及时推广减税降费成功经验，有效降低各类企业的生产经营成本，让广大纳税人、缴费人享受到政策红利。

四　法治环境

一是进一步提升全民法治意识，推进法治社会建设。加大法治宣传力度，把全民普法和守法作为依法治国的长期基础性工作，持之以恒地开展法治宣传教育。创新普法宣传形式，抓住重点，分类施教，针对不同对象，采取不同方法，提高法治宣传教育的针对性和实效性。加强诚信体系建设，完善守法诚信褒奖机制和违法失信行为惩戒机制，打造更有利于民营企业创新发展的良好法治环境。

二是进一步完善法律制度设计。探索科学立法、民主立法的新途径、新方法，营商环境方面的立法要坚持"问法于企""问法于民"，广泛听取包括民营企业在内的各类市场主体的意见建议，不断扩大企业对立法活动的有序参与。及时调整立法工作思路，确定立法项目，以解决问题为导向，增强法律的可操作性，重在管用，重在实施。加紧制定和完善新兴业态所对应的法律法规，让新兴业态的发展有法可依、有章可循。

三是进一步发挥民营企业产权保护社会化服务体系作用。充分发挥全国首个民营企业产权保护社会化服务体系的作用，以建机制、搭平台、组队伍、促调解、强保护、重培训六方面工作为抓手，加强各相关部门之间的合作，为营造更加有利于民营企业改革发展的法治环境，构建亲清政商关系而共同努力。

党的十九大报告明确提出："加快建设创新型国家，创新是引领发展的第一动力，是建设现代化经济体系的战略支撑。"[1] 习近平总书记在出席重大活动和各地考察调研期间，在不同场合多次强调创新的重要意义，指出："抓创新就是抓发展，谋创新就是谋未来。"[2] "综合国力竞争说到底是创新的竞争。"[3] 新冠肺炎疫情迫使民营企业和众多的创新创业者更加深刻理解高质量发展的本质，置之死地而后生，以全新的姿态迎接下一个春天的到来。

---

① 习近平：《决胜全面建成小康社会　夺取新时代中国特色社会主义伟大胜利——在中国共产党第十九次全国代表大会上的报告》，人民出版社，2017，第31页。

② 《习近平谈治国理政》第2卷，外文出版社，2017，第203页。

③ 《习近平关于科技创新论述摘编》，中央文献出版社，2016，第7页。

第七章　疫情防控常态化时期民营经济发展研究

中小微企业是保持经济发展活力的重要力量，其中绝大部分为民营企业。因此，促进民营中小微企业健康发展对保持首都经济发展活力意义重大。继中美贸易摩擦为中小微企业发展带来严重影响且渐成常态化趋势之后，新冠肺炎疫情在全球的多点扩散和持续蔓延为民营中小微企业健康发展带来更多不确定性。北京是疫情防控的重点地区，北京民营中小微企业与其他地区同类型企业相比面临更多挑战和困难。如何帮助中小微企业渡过发展难关，成为当前和今后一段时间内政府和企业需要共同面对的问题。

第一节　新冠肺炎疫情对民营企业的影响

一　业务规模受限，经营成本增加

受疫情影响，部分行业企业生产扩能受限，导致产业链前端面向此类企业客户的中小微企业业务量下滑，营业收入减少。同时，企业增加疫情防控安全举措，客观上加大了人力、物力和财力负担，经营成本上升。银行贷款、债券、股票等常用融资方式受疫情影响作用力减弱，企业融资渠道受限，融资成本增加。此外，企业管理成本、物资运输成本、员工通勤成本均会因适应疫情防控要求而相应增加。逆向拉大的收支差距与"入不敷出"的经营状态将削弱企业可持续发展能力，增加企业破产风险。

二　资金周转放缓，财务风险加大

疫情防控期间，部分行业发展活力受挫，整体处于休眠或减量运行状态，行业中的中小微企业经营活动频率下降，资金周转速度放缓，加之中小微企业在供应链中多处于话语权弱势方，货款回收周期长，应收账款占比较高，导致企业现金流紧张。受融资难和融资贵等问题影响，中小微企业流动负债率普遍较高，长期借款还本付息压力大。疫情防控时期业务交易量下滑、营业收入减少将导致企业还款难度加大，信用等级降低。

三　发展壁垒增多，生存动力减弱

不论是与中小国有企业相比，还是与大型民营企业相比，中小民营企业的抗风险能力都更弱，资金链更容易断裂，亟须得到更多政策支持。而中小民营企业在享受优惠政策的过程中却面临更多壁垒。比如租用私营房产的企业大多是民营企业，而这一部分的房租减免最难落实。同时，在全产业链协同复工复产中，中小民营企业面临的竞争更为激烈。中小国有企业多是大型国有企业的前端或末端子公司，或者是事业单位的全资或控股公司，其发展都有稳健的后援，而中小民营企业只能独自面对。此外，全球疫情急剧暴发也给中小民营企业带来更多不确定性和挑战，使其面临内需收紧、外需下滑的双重困境。

四　"疫"后困难重叠，信心储备不足

疫情防控期间，诸多中小微企业无法正常营业创造利润，需要银行提供资金维持生存。疫情过后，银行等金融机构迫于资金压力无法对所有企业不断贷、不抽贷，"造血能力"不足的中小微企业将死于资金枯竭。经济发展动力进一步转化，消费拉动将更多转向创新驱动，创新能力不足的

企业将面临淘汰。基于此，部分中小微企业因无法预估疫情过后的恢复难度而失去发展信心。

第二节　疫情后民营企业发展中存在的问题

一　国内市场竞争加剧

一方面，为打赢疫情防控阻击战，人民群众响应号召少出门，客观上导致产业链终端直接面向消费者的非刚需产业中的中小微企业市场空间大幅收缩，而终端消费产业多处于竞争较为充分的状态，市场空间收缩加剧行业内竞争。另一方面，全球疫情多点暴发和持续扩散导致外贸企业海外业务量骤降，为求生存转向内销，国内市场竞争进一步加剧。同时，行业整体发展状态逐渐从均衡向不均衡转化，部分行业供不应求导致假冒伪劣产品肆行市场，引发"优汰劣胜"的逆向竞争风险，部分行业供大于求，导致产品积压和劳动力冗余，产业竞争强度和竞争环境都面临挑战。

二　劳动力要素供求不均

疫情影响市场需求结构，进而影响要素配置结构。部分行业产品供不应求，要素需求增加，而部分行业产品需求收缩，要素供给过剩。要素需求增加的行业面临劳动力不足的困境，而要素过剩行业面临裁员难题。同时，市场收缩行业的就业人员失业风险加大，特别是零售、旅游、餐饮、外贸等行业从业人员，大量冗余闲置。受此影响，首都劳动密集型产业就业人口将继续外流，商务服务业、批发和零售业等行业就业人口呈下降趋势。较为完善的工作机制和良好的工作环境将会保持生产性服务业就业人口相对稳定。高精尖产业符合行业发展大趋势，就业人口将呈上升趋势。但需考虑，零售、餐饮等就业人口减少或会影响城市经济发展活力。

三 中小微企业复工率尚未达全国平均水平

根据国务院联防联控新闻发布会发布的消息，截至 2020 年 4 月 15 日，全国中小企业复工率为 84%，而北京市中小企业复工率尚未达到全国平均水平。北京市发展改革委副主任李素芳在 4 月 18 日的北京市新型冠状病毒肺炎疫情防控工作新闻发布会上指出，北京市主要行业复工情况有三个特点：生产型企业复工率高于服务型企业，大型企业复工率高于中小型企业，前期摸排的近 39 万中小型服务型企业的复工率为 53.6%，小门小店复工复产进度相对较慢。目前，空间密闭、人员集聚的中小微企业尚无法实现安全开工；部分企业基于人力成本负担、员工返岗困难和通勤困难、资金周转困难等多重因素，尚无能力开工或不愿开工。受疫情影响，旅游、餐饮等行业市场收缩严重，即使开工，短期内也很难回升至正常水平；一些企业尚因达不到复工标准而无法复工。

首都中小微企业复工进度缓慢存在多重原因。一方面，北京防控压力大，企业复工复产要求较高，相当数量的中小微企业基于人员到岗困难、市场收缩严重、资金周转紧张等多种原因尚未复工复产。另一方面，全球疫情持续蔓延，北京坚守"外防输入、内防反弹"的工作任务更为繁重，企业复工复产的标准和要求也进一步提高。另外，中小微企业防控能力较弱，复工后的潜在风险较多，兼顾疫情防控和复工复产的压力较大。

四 金融机构对中小微企业的融资支持初成规模

为促进首都中小微企业复工复产和持续健康发展，北京多家金融机构通过多项举措为中小微企业提供融资支持。自 2020 年 2 月复工以来，北京国资公司所属再担保及其旗下国华担保已为 48 家北京文旅、餐饮中小企业提供融资担保授信 2.43 亿元（截至 4 月 7 日）。北京市 17 家金融机构共向 10122 家中小微及疫情防控企业发放贷款约 1076.11 亿元（截至 3 月 23

日）。北京银行针对受疫情影响的小微企业、个体工商户推出"京诚贷""赢疫宝"等产品，以展期、续贷、借新还旧等方式提供信贷资金的无缝衔接，并由北京分行牵头，迅速启动"京诚贷——文旅餐饮振兴扶持专项计划"，制订针对文旅、餐饮行业相关企业的专项解困方案，进行定向帮扶，已为疫情防控和民生保障领域小微企业及受困小微企业累计提供信贷支持超过 30 亿元，办理小微企业续贷业务 10.4 亿元，新增小微企业首贷客户 832 户。同时，为中小企业主和个体工商户提供临时性延期还本付息 131 笔 4.45 亿元（截至 4 月 19 日）。

第三节　疫情防控常态化时期民营经济发展对策建议

一　充分发挥"16 条措施"对中小微企业的促进作用

2020 年 2 月 5 日，北京市政府制定出台了《关于应对新型冠状病毒感染的肺炎疫情影响　促进中小微企业持续健康发展的若干措施》（以下简称"16 条措施"），从减轻企业负担、加大金融支持和保障企业正常生产运营等方面推出了促进首都中小微企业健康发展的政策组合拳。要帮助中小微企业渡过难关，需落实好"16 条措施"，充分发挥宏观调控的逆周期调节作用。

（一）拓宽政策扩散渠道，多途径搭建信息桥

因部分优惠举措需要中小微企业主动申请方能享受，企业知晓政策成为享受优惠的前提。政策敏感性较差、信息相对闭塞的中小微企业如不能及时获取、了解政策，会错失救助良机。为此，需在政府与企业之间搭建信息桥，调动和利用与中小微企业有信息联系的各方力量，让信息多渠道流向企业。

一是发挥党支部和党建工作协调委员会的作用，做好政策宣传与指导工作。社区党支部、楼宇党支部做好政策宣传和解读工作，建立企业群，及时补充和更新信息，为企业提供解答、建议。党建工作协调委员会发挥统筹协调作用，做好区域内全局规划，同时兜底负责社区和楼宇顾及不到的中小微企业，不漏掉一家企业。

二是发挥市委统战部和市工商联的作用。充分利用这两部门与民营企业的密切联系，做好政策信息集散工作，加强与民营中小微企业的沟通联系，了解企业困难和优惠政策申请享受情况，发挥好桥梁纽带作用。疫情发生以来，北京市工商联针对中小企业复工复产情况及"16条措施"落实情况进行了多次调研。市工商联可与科研机构合作，从理论和实践两个维度为推动首都中小微企业复工复产和健康发展献计献策。

三是发挥企业协会、联合会等社会机构的信息传递作用。中国中小企业协会、中国国际中小企业协会、中国中小企业国际合作协会、北京市中小企业对外发展促进会均位于北京，在传递政策信息的同时可帮助中小微企业开拓海外市场，解决内需下滑造成的市场收缩问题。

（二）扎实与灵活兼顾，确保企业获得真实惠

落实"16条措施"可坚持原则性和灵活性相结合，确保所有符合条件的中小微企业平等享受政策支持，同时对受疫情影响而导致申请延误的中小微企业保留其受惠权利。

一是对申请政策优惠不及时的企业实行"先缴后补"。政策发布后，部分中小微企业基于信息阻塞、交通不便、流程不熟悉等原因无法及时申请免缴三项行政事业性收费的，可在企业申请成功后返还其已缴费用。对招用本市登记失业人员和城乡就业困难人员并满足申请岗位补贴条件的中小微企业，可在申请成功后补发政策发布月至申领月的补贴。

二是多种方式落实房租减免政策。租赁非市属及区属国有企业房产的

中小微企业，未获得业主减免房租优惠的，若符合首都功能定位和产业发展方向，政府可直接给予房租补贴，扩大"房租通"政策的惠及范围。为扩大房租减免优惠面，政府可发挥协调作用，鼓励引导大型商务楼宇、商场等为中小微企业减免租金，并明确财政补贴标准。

三是充分利用信息化技术帮助企业减轻疫情防控负担。在生产型中小微企业落实市疫情防控工作要求的过程中，通过关联电子监控设备等方式适时做出监测和判断，并给予远程指导和帮助。利用大数据技术研判企业疫情防控高风险环节，帮助企业准确避开防控雷区，减轻企业疫情防控压力。

（三）了解企业实情，精准施策纾困

结合"16条措施"落实情况和企业复工复产中的新问题，特别是全球疫情蔓延造成的新困境，识别影响企业发展的核心瓶颈和关键制约因素，有的放矢，精准施策，定向发力。

一是多途径了解企业经营现状。对于产业园区内的中小微企业，通过走访、座谈等方式，深入一线展开调研。对于分布较为分散的中小微企业，通过电话访谈、电子问卷等方式了解复工复产情况。对于已复工企业，着重了解优惠政策享受情况、现阶段发展困境和未来发展规划。对于未复工企业，着重了解导致企业未复工的困难和问题，以及企业员工安置情况。

二是了解企业成本结构和收入结构。按照行业、产业链环节等将中小微企业分组分类，设立分组联络员，在不影响企业经营数据安全性的前提下，了解企业成本结构和收入结构。一方面，细分企业成本结构，识别大比例支出项，作为重点支持要素。另一方面，细分企业营业收入结构，帮助企业扩大原有业务，开拓新兴市场。

三是结合行业趋势确定重点支持对象。以数据为支持，以定位为方

向，研判首都中小微企业发展潜力。依据习近平总书记在浙江考察期间提出的"加快 5G 网络、数据中心等新型基础设施建设，抓紧布局数字经济、生命健康、新材料等战略性新兴产业"的精神要义，结合首都功能定位，对科技型中小微企业、数字化企业予以重点支持。

二 政府与市场"两只手"配合出力

（一）强化综合保障，畅通企业发展

促进中小微企业在疫情防控期间做好复工复产工作，需激活劳动、资本、技术等各项要素的活力，保障企业资源供应和高效运行。

一是做好企业用工保障服务。可鼓励、引导企业实行内部转岗换岗，政府适当增加享受一次性技能提升培训补贴的企业范围。可构建"员工共享""临时员工"等要素跨行业流动共享机制，调整疫情期间的要素配置，适应疫情期间的用工需求。如青岛市推出了"员工共享"项目，对接"用工荒"企业的人力需求和"复工难"企业的人力供给，大量住宿、餐饮、旅游等企业员工进入制造行业、物流行业从事"临时"工作。通过"云招聘"、网络面试、线上职业技能培训等，疏通中小企业的"人才断点"。如成都市人社局建设了"成都职业培训网络学院"，开发上线 84 个专业培训包共 1686 个课件资源，为企业人才培训提供支持。

二是强化交通运输保障。对制造业企业、外贸进出口企业、实体商贸企业等开设进京通道，市交通委、市商务局等部门联合开展工作。关注中小微企业员工通勤安全保障问题，以社区、楼宇为单位，联系公交公司、出租车公司等租车服务提供商，协助企业开设班车、专车接送员工上下班。

三是增加技术支持。一方面加强防控工作技术支持，确保企业在疫情防控达标前提下生产运营；另一方面加强企业转型升级技术支持，重构经

营模式，以适应疫情结束后的产业环境和市场环境变化。鼓励中小微企业创新思维，用技术武装自己，安全度过疫情防控期。如北京一家承揽呼叫中心外包业务的中小企业利用联想公司为其提供的"SOHO魔方系统"，将集中坐席切换为SOHO坐席，员工在家就可以接听客户电话，该企业100名员工实现了在家办公。

四是加强司法保障。法院、检察院等司法部门做好中小微企业维权保障工作，通过在线受理、在线调解、在线庭审等方式，加大对关乎中小微企业权益维护的案件处理力度，不因疫情延误中小微企业对合法权益的诉求。邀请法学教师、律师、法官等加入中小微企业法律咨询热线专席，为企业提供专业法律服务。

五是加强京津冀区域联动。京津冀区域内企业间业务往来较为密切，产业协同程度较高，大企业和龙头企业的复工复产和健康发展能够带动上下游中小微企业的发展。在此前的2019年11月，北京就举办了京津冀中小企业服务一体化发展大会，推进京津冀创新创业服务资源互联互通、互动互助、共享共赢，促进京津冀中小企业共同发展。在疫情防控期间，可加强京津冀区域联动，在人员流动、交通防疫、企业复工复产等方面加强协调，在区域联动范围内协助民营中小微企业办理通行证，减少不必要的检查环节，疏通企业"物流堵点"。如北京市亦庄经济技术开发区则通过京津冀协同工作机制，快速解决了企业上下游供应链的衔接问题。根据2020年4月18日北京市新型冠状病毒肺炎疫情防控工作新闻发布会的消息，北京将实行京津冀区域健康状态互认，津冀地区来京人员、北京市往返津冀地区的人员，返京后可通过"北京健康宝"进行京津冀行程记录验证，申请"未见异常"健康状态，将会大大促进区域内协同复工复产。

（二）调动市场力量，改善行业环境

激发中小微企业在市场中的生命活力，确保其能够自由呼吸、自行造血。充分调动中小微企业周围的市场力量，提升市场温度，为企业发展营造良好环境，提振企业信心。

一是挖掘客户线上需求，帮助中小微企业开拓市场。受疫情影响，顾客诸多线下消费行为被迫中止，但顾客需求并没有消失。将线下需求转变为线上需求，线下消费转化为线上消费，能够有效拓展中小微企业市场空间。为此，除引导市预算单位提高面向中小微企业采购的金额和比例外，政府还可为适合线上经营的企业提供更大额度的中小微企业服务券，用于企业购买产品设计、技术咨询、电子商务、电子合同签订等咨询服务。

二是以大带小、以强带弱，引导大企业带动中小微企业共渡难关。在疫情防控特殊时期，同一产业链上的大企业与中小微企业命运相关，休戚与共。处于产业链前端的大企业可通过延长应收款周期等为中小微企业留足资金周转空间。处于产业链后端的大企业可通过增加采购、线上交易等激活中小微企业经营活力。政府和行业协会要从中发挥协调作用，担保部门提供支持，将降低担保服务综合费率的举措落到实处。

三是利用大数据促进产业链上下游企业协同复工。对于产业链上游生产零部件、提供原材料的中小微企业，构建信息分享平台，利用大数据帮助企业做好供需对接、产销对接、业务连接。如浙江省依靠税收大数据在产销环节间"搭桥"，通过发票信息、登记信息等帮助企业寻找潜在经销商，可做借鉴。对于产业链下游面向终端消费者的中小微企业，利用大数据开拓市场，鼓励企业开展线上经营。

四是引导银行等金融机构深度参与，缓解企业融资压力。充分发挥北京银行和北京农商银行的本地优势，优化金融服务，开展创新试点，做出典型项目，形成操作范本。深度挖掘"网上畅融工程"的作用力和影响力，完善系统功能，做好资格审核，提升对接效率，切实为中小企业融资提供服务和帮助。鼓励证券公司延伸服务，为股票质押协议在疫情防控期间到期的中小微企业提供展期提示和咨询服务。在对接银行等金融机构帮助企业融资贷款方面，可适当借鉴其他省份的经验。如河南省整合工商、社保等部门的 5620 万条核心政务数据给中小企业画"信用肖像"，免费向银行提供贷款审批所需数据，减少审核环节；广东珠海高新区为中小企业和银行搭建交流平台，缩减审批流程，1 月至 3 月帮助当地中小企业获得贷款 4.65 亿元。

三　支持民营中小微企业化"危"为"机"

（一）引导企业顺势而为，不断开拓新市场

习近平总书记在 2020 年 2 月 23 日召开的统筹推进新冠肺炎疫情防控和经济社会发展工作部署会议上指出："疫情对产业发展既是挑战也是机遇。一些传统行业受冲击较大，而智能制造、无人配送、在线消费、医疗健康等新兴产业展现出强大成长潜力。"[①] 信息技术、物联网、人工智能等广泛应用促使企业产品和服务提供方式发生深刻变化；智能制造、在线消费等在疫情发生之前已渐成趋势，在疫情防控期间优势迸发；线下生产、线上销售的双线并行模式已深入人心，迎合了人民群众一面做疫情防控一面过美好生活的多样需求。不论是传统产业还是新兴产业，不能顺应这些趋势就会被不断挤向市场边缘。

习近平总书记在浙江考察时提出："要抓住产业数字化、数字产业化赋予的机遇，加快 5G 网络、数据中心等新型基础设施建设，抓紧布局数字经济、生命健康、新材料等战略性新兴产业、未来产业。"[②] 基于此，传统产业中的中小微企业需加强技术改造和创新扶持，提升发展质量和可持续发展能力；通过点对点包车等方式帮助劳动力返岗，切实解决复工复产

[①] 习近平：《在统筹推进新冠肺炎疫情防控和经济社会发展工作部署会议上的讲话》，人民出版社，2020，第 21 页。

[②] 宋子节、陆雪苑：《面对世界经济复杂局面习近平提出三个"新"》，人民网，2020 年 5 月 24 日。

的第一道难题；新兴产业中的中小微企业需充分发挥自身优势，把握机遇，在新一轮产业结构调整中赢得先机。

（二）树立"求变"思维，双向开创市场

一方面，做大国内市场蛋糕，帮助中小企业寻找新的利基市场。科学研判分析全球疫情蔓延对我国企业发展的影响，识别企业面临的关键问题，精准施策，帮助中小企业缓解成本上升、资金链紧张的压力。谋划实施新型扩内需项目，大力发展智慧城市，培育宅经济、夜经济等新型消费业态。构筑信息平台，对接细分市场需求与企业优势，帮助中小企业开拓国内市场。其他省份一些举措可做借鉴，如浙江长兴一家出口型外贸企业在政府牵线下与复旦大学宁波研究院合作，研发出国内消费者偏好的噪音低、稳定性高的小电机，顺利开拓国内市场。

另一方面，稳住外贸基本盘，为中小企业营造良好营商环境。国家层面已打出一系列"组合拳"稳住外贸基本盘：优化调整信贷安排，适度降低贷款利率，加大外贸领域信贷投放；对受疫情影响严重、流动性遇到暂时性困难的中小微外贸企业给予临时性延期还本付息安排；提高企业出口退税办理效率，目前全国企业出口退税办理效率比疫情发生前整体提升超过20%；引导企业合理利用国际规则，协助贸易企业维护合法权益。北京需扎实推进各项举措落地。其他省份的一些做法可做借鉴，如山东省提高了对外贸企业投保出口信用保险的支持比例，对小微外贸企业在全省出口信用保险统保平台项下投保短期出口信用保险保费给予全额支持；安徽省税务局与出口企业建立线上包保关系，线上直通税收政策，直接优化服务，确保政策得到百分之百落实。

（三）弘扬勇于担当的企业家精神，备足企业发展信心

弘扬企业家不怕困难、勇于担当的精神，引导企业家用好优惠政策，

同时修炼内功，通过内在韧性锻造和外围环境塑造摆脱困境，赢得新的竞争优势。营造宽松环境，激发中小微企业家的生存意志，释放中小微企业潜在的灵活性、适应性和创造性。设置与企业直接联系的联络员等政企对接岗位，畅通中小微企业家诉求表达通道，了解企业发展难题。构建中小微企业家沟通平台，促进思想交汇，利用头脑风暴等汇聚创新思路。梳理宣传一批疫情防控期间复工复产、转变思路、创新发展的中小微企业典型案例，总结成功经验，向广大中小微企业群体传递正能量。

第八章　优化民营企业营商环境研究：
以东城区为例

党中央高度重视营商环境的改善和优化。习近平总书记多次指出要营造稳定公平透明、可预期的营商环境，推动我国经济持续健康发展。2019年国务院政府工作报告先后 5 次提到"营商环境"，15 次提及民营企业相关内容，提出简政、减税、降费等一系列优化营商环境的重大举措，凸显促进民营经济高质量发展任务的紧迫性和重要性。民营企业经过 40 年的发展，在社会发展中也有着一定的定位和作用，通俗的说法叫作"56789"，即"民营经济贡献了中国经济 50% 以上的税收、60% 以上的 GDP、70% 以上的技术创新成果、80% 以上的城镇劳动就业、90% 以上的企业数量"。东城区民营经济规模不断扩大，在优化经济结构、增加财政收入、拓宽就业渠道、促进社会和谐方面发挥了重要作用，已成为推动东城区和首都经济增长的重要力量。优化东城区民营企业的营商环境既具有重大的理论意义、实践意义和指导意义，也具有重要的政治效益、经济效益和社会效益。

第一节　推进优化营商环境的情况

为贯彻落实习近平总书记 2018 年 11 月在民营企业座谈会上的重要讲话精神，落实中共中央办公厅、国务院办公厅印发的《关于促进中小企业健康发展的指导意见》。一年来，东城区各职能部门多向"发力"，多措并举持续推动营商环境的优化，积极营造"亲商""爱商""清商"的良好环境。

一　领导高度重视营商环境

区委、区政府高度重视优化营商环境，注重在整体谋划、政策引导、优化服务上下功夫。为更好地对接市政府"9 + N"政策，2018 年专门成立了由书记和区长任组长、四套班子领导共同参与、分管副区长和职能部门共同组建的改革优化营商环境工作领导小组和营商环境迎检工作领导小组，负责统筹协调推进区域改革优化营商环境工作；同时区人大主任会专项听取 2018 年优化营商环境工作情况的报告。2019 年 7 月，东城区委、区政府邀请 300 余位专家学者、商界精英、行业领袖为优化东城营商环境献计献策，并明确责任部门和完成时限，推动大会精神落实，在全区形成了促进民营经济健康发展的强大合力。

二　多项政策优化营商环境

一是构建了"1 + 5 + N"产业政策体系，制定了支持产业发展、资金支持、空间利用、人才保障等政策体系，出台了《东城区进一步优化营商环境行动方案（2018 - 2020）》，正在制定《东城区落实〈北京市创新型企业服务行动工作方案〉的实施意见》专项营商环境政策。二是从 2018 年开始，区政府每年划拨 1 亿元专项资金，用以支持民营企业转型升级。三是打造企业服务品牌，推出"紫金服务"行动计划，全力打造"四全"服务模式，健全重点企业"服务包"，紧密结合企业发展中最迫切最紧急的问题，积极作为，靠前服务，定制化解决个性问题，展现服务东城企业的态度、力度、深度和温度。

三 搭建政企良性沟通平台

一是整合党建、政务、商协会等资源，开展"区长早餐会"、政企"议事厅"、"企业专题座谈会"等活动，畅通企业与区领导联系的渠道。二是建立企业服务管家制度，构建"1＋7＋17"联系企业服务工作网，设置了"区域管家"工作体系，区街联动，确保企业反映情况有渠道；制定服务会员企业等11大类35项工作任务，确定政商"亲清"等10项重点工程。三是区工商联充分发挥联系企业的"桥梁""纽带"作用，搭建政企交流的平台，在区政务服务中心设立工商联窗口，直接为会员企业解决实际问题。四是设立"专窗专线专区"，建立政务服务咨询专线，设立政策问题解答专员，给企业提供及时、优质、便捷的服务。

四 优化营商环境工作成效显著

东城区政务服务大厅全面升级，水电气热服务窗口进驻服务大厅，创新开展全市首个"7×24"不间断自助智能服务，最大限度地提升企业办事便利度；行政审批效率提速，在全市率先实现开办新企业只进政务大厅一扇门只花1天时间。设置58个综合窗口，企业办事人员只去一个窗口便可将进驻的38个部门717个事项全办妥，政务服务事项在线咨询比例达100%，区级政务服务事项网上可办率达100%。在"一次"方面，试点31个事项全区通办，实现43个高频事项"最多跑一次"；大力推行"全程电子化"登记，实现90%以上内资企业新设"一次不用跑"。2018年北京市营商环境市级评价中，东城区综合排名位于第二。课题组的185份调查问卷中，对于"您对东城区企业营商环境现状的总体评价"，选择满意和比较满意的累计问卷数为152份，占总问卷数的比例为82%。从整体上看，民营企业对东城区总体营商环境满意率较高。

五 确立营商环境三大标杆工程

2019 年初，《东城区进一步优化营商环境行动方案（2018—2020）》制定出台，提出了"一年聚力突破，两年全面提升，三年争创一流"的总目标：到 2020 年底，东城区的智慧政务、综合窗口、企业服务"三大标杆"建设工程要走在全市前列，营商环境便利化、法治化、国际化水平显著提升。在政务环境、投资环境、要素环境和市场环境 4 个维度共 178 项工作任务方面不断创新突破，特别是"街道吹哨、部门报到"着力破解联系服务群众"最后一公里"难题等方面的创新成为重要加分项。到 2020 年底，100% 的区级政务服务事项，实现"一键咨询""一网通办""一窗办理""一次办好"，重点企业问题解决率超过 90%，打造"效率东城""开放东城""活力东城""诚信东城"。

第二节 优化营商环境存在的问题

课题组通过实地走访东城区商会和部分民营企业，收集到普遍性、代表性问题，结合问卷统计情况，梳理出东城区在优化营商环境方面存在的主要短板和瓶颈问题，主要表现在以下几个方面。

一 政务服务效能仍有待提高

一是少数工作人员积极作为不到位。少数工作人员对服务企业的重视程度不够、积极性不高，影响了企业的满意率。主要体现在对"限时办结"和"并联审批"主动性不强，配合不积极；在落实政策、执行法规时灵活性不够，"门好进、脸好看但事难办"；有的宁可让人说与企业家"不亲"，也不让别人怀疑与企业家"不清"，政企关系"清"而不"亲"，政企联系不够密切，联系服务企业的形式不够丰富，了解企业情况和需求不够深入，有的工作人员对企业历史遗留的疑难问题推脱绕行，调研不深入，或简单照搬当前政策，有懒政的心理。

二是制度性交易成本仍较高。经过几轮改革，以前民营企业遇到的办事手续烦琐、需要重复提交多项书面材料、排队等候时间长、来回跑多趟等现象大有改观，但仍有少数民营企业反映，审批事项过于复杂，企业有时不得不踩红线走。同时，政务资源的有效整合方面还有欠缺，"马上办、网上办、就近办、一次办""最多跑一次"的目标尚未完全实现，民营企业的制度性交易成本还有降低的空间。

三是政府信息公开和共享难。少部分企业反映，政府信息公开不够及时，力度还不够大，公开的方式和途径单一，没有完全打通线上线下服务通道，对于依申请公开的信息，相关部门有时会以涉及国家秘密、商业秘密、过程性信息、内部管理信息为由拒绝公开，导致企业、社会和政府之间"信息不对称"；在政府部门内部，跨平台、跨部门数据、信息的互通互联机制还需要进一步强化，"数据跑路"待进一步加快，数据共享互通"一张网"建设亟待深化。政务服务数据共享不够畅通，导致部分事项需要群众"多跑腿"。

四是主动服务的意识还需增强。调研中反映，政府对民营企业监督得多、管理得多、给予帮助得少，有时候政府提供给企业的帮助与企业的实际需求还不完全匹配，企业的获得感不强；目前为民营企业送出服务包47份，但区内非公企业有5万多家，主动服务的覆盖比例很小；个别职能部门靠前服务、主动服务、主动沟通、切实考虑企业切身利益的意识还不太强，一些应该减免的税收、审批项目或者优惠政策，没有第一时间落实到位，甚至存在企业如果不主动提出来，还会继续收费和审批的情况。

二　政府落实简政放权不到位

一是民企参与区内重点工程机会较少。95%以上的民营企业都明确表示希望得到政府的公平对待和平等保护。例如对"疏整促"、腾退空间再利用、对口地区帮扶等区内重点工程，一些民营企业有强烈的参与意愿，却没有机会参与。更为严重的是，一些民营企业在经历多次被不公平对待或"歧视"后，对再参与政府招投标或政府采购的意愿直线下降，甚至在有能力、有条件的情况下也倾向于主动放弃，避免投入无效的企业成本。

二是人才引进准入领域仍遭遇管制。在人才引进方面，民营企业引进高端技术人才、高端管理人才难，留住这些优秀人才更难，人才居住、人才落户难上加难。尽管政策上规定了民营企业可以进入法律未禁止的领域，但许多领域投资准入仍实行严格的"牌照管制"。比如教育、医疗、文化等领域，仍保留了一定的行政审批和行政管制，表面上放权但实际仍保留变相的审批权，或者对民企设置附加条件、歧视性条款等。

三是准入不准营现象仍然存在。2018 年 11 月起国务院启动"证照分离"改革，加上之前的"一窗通办""多证合一"改革，主要是化解"准入不准营"的企业经营高门槛难题。一些领域尽管对民营企业放开准入，实行了投资备案制，但是投资备案制成了变相审批制，有的甚至变相设置备案、年检、认证、认定等其他形式的审批，最终导致了准入不准营局面的出现。

三　执法监管法治化水平还需提升

一是执法监管方式方法不规范。尽管早在 2015 年就提出"双随机、一公开"的监管模式，但是到目前为止，基于执法力量不足、执法人员素质不高等原因，行政执法过程中尚没有完全遵循"双随机、一公开"。个别部门执法仍是采用以往运动式监管的模式，如一旦发生重大事故，就会对所有同类型企业进行大检查，而平时则疏于事中监管。市场监管局等相关部门多头监管、重复监管的现象没有根除，甚至还存在不同部门的执法监管结论互相矛盾的情况，这不仅增加额外的承办费用，还使企业疲于应付，不堪重负。以消防检查为例，有执法权的公安、消防、街道等单位多头执法、重复执法，且执法标准不规范、不统一，致使企业无所适从，影响了企业正常的经营活动。

二是营商环境法治化水平有待提升。一方面政府对企业合法权益保护力度不够。个别民营企业反映，政府部门有拖欠本企业款项长达几年至今未解决的情形。政府对侵犯知识产权、商业秘密和对企业内部人员职务侵占、挪用资金、向他人输送利益等违法行为的打击力度不够，部分涉产权冤错案件需要有力纠正。企业在劳资关系、知识产权方面耗费了较大成本，但正当权益仍得不到有效保护。另一方面企业依法维权较难。政府政策"翻烧饼"的现象在局部仍有体现，执行标准变化快，政策缺乏稳定性、连续性和可预期性，导致企业没信心进行长期的生产经营规划，新官不理旧账问题没彻底解决。因近几年东城区核心区功能的调整，民营企业的部分项目需要推倒重来，由此造成了企业利益受损，但企业依法维权仍存在一定困难。

三是执法自由裁量权存在被滥用现象。执法不公开不公正不透明，甚至自由裁量权在一定程度上与该企业跟政府之前交情深浅相关联。一方面有的执法部门在市场监管时动辄顶格行政处罚，滥用行政处罚的自由裁量权，导致企业敢怒不敢言，扰乱了正常的市场经营秩序，甚至还存在个别工作人员"吃拿卡要"等腐败现象；有的部门执法时采用"一刀切"简单化处理方式，盲目追求执法效果，对实际情况和历史遗留问题考虑不足，缺乏人性化处理。另一方面在行政处罚时，不能排除不相关因素的干扰，有托人说情就能减免处罚的现象。

四是对部分领域监管还不到位。其一，政府对企业的信用监管不到位，没有形成失信惩戒格局和氛围。其二，还存在职业打假人的敲诈渔利活动，需要政府市场监管部门的主动干预和规范引导。其三，政府职能部门对政府购买服务的事后监管也存在不到位问题。例如南锣安保的财政费用每年800万元，目的是维护南锣的市场经营秩序，但极个别安保人员不忠于工作职责，收取保护费，存在保护游商、讹诈正商、干扰市场秩序的现象。

四　惠企政策效果还需提升

一是政策落地时效性不强。市区都相继出台了进一步优化营商环境的行动计划等惠企政策，但是在调研中，小部分民营企业反映，有的政策从颁布下发到落地周期太久，政策滞后期太长，企业耗不起时间。另外，部分惠企政策的公开形式较单一，民营企业对政策的知晓率不高，也极大地抑制了政策的预期效果。

二是政策落地实效性稍弱。不少企业反映，许多惠企政策到了基层效力衰减，尤其是在执行层面，还存在照抄照搬"一刀切"、不及时、不到位、针对性不强等突出问题。例如，各项降税减费政策实际上对企业税费负担减免效果不佳，有的企业负担甚至不降反增；有的企业反映政府部门制定和执行涉及企业切身利益的政策时，缺乏有效的政企沟通，程序烦琐、申请困难，特别是民企很难享受到一些补贴优惠，也影响了政策落地的实效。

三是个别政策无法落地。虽一再强调放宽市场准入，但民营企业的发展环境和空间仍不同程度地存在各种隐形壁垒和体制性障碍，某些行业市场准入门槛高。例如解决民营企业融资难融资贵的难题，中央要求银行把职工绩效考核与给民营企业的贷款相挂钩，但实际上商业银行仍然"嫌贫爱富"，政府也缺乏行之有效的帮扶政策和监督措施支持民营企业多渠道融资，导致支持融资的政策无法落地。

四是有些政策存在区别对待。调查问卷中关于"您所在企业曾遭受哪些歧视"的选项中，"不公平的市场竞争环境"选项是民营企业感受最大的歧视，这与调研中民营企业反映的最迫切的诉求较一致。有资质准入时，特别是在政府采购、政府招投标中，同等规模国企更容易获得；在金融机构融资方面，国企可以找担保公司担保，而不需进行反担保，民营企业不行；银行在信用评级、授信、利率上对民营企业并不公平；国企有困难，可以要政策要支持，可以优先申请诸如科技项目、贷款贴息项目、开发扶持项目等，而民营企业则难以获得，甚至对政策都无从知晓。另外，一些优惠政策也存在弹性大、区别对待不同市场主体的情况。

第三节　进一步优化营商环境的建议

根据东城区营商环境存在的问题，结合首都核心区的功能定位，特别是在京津冀协同发展和疏解整治促提升的新形势下，现就东城区区级层面如何进一步优化营商环境，促进民营经济高质量发展提出"四化"的建议。

一　政务服务品牌化

一是切实推动惠企政策的宣传落实。充分发挥政务大厅工商联窗口、招优引强专窗、政策咨询专线、政策解答专员、服务政策宣传专区的作用，加大对优化营商环境相关政策的宣传力度。制定政策或者修改规范性文件，在公布之前预先给予民企政策辅导，公布时同步开展宣传解读，提高民营企业对法规政策的知晓度，公布之后预留一定时间，以便民营企业做好相关准备工作。特别是对企业普遍关注的复杂问题、共性问题进行专题答疑释惑讲解。对工商联会员企业、重点楼宇开展地毯式营商环境改革政策宣讲及解读培训会，落实惠企短信点对点，重点宣传"e 窗通平台""电子营业执照"，实现驻区民营企业对优化营商环境的"宣传全覆盖""政策全告知"。切实督促《东城区加快文化创新融合构建高精尖经济结构的实施意见》《东城区进一步优化营商环境行动方案（2018—2020）》等各项政策真正落实到位。

二是切实提供"一企一策"的帮助。进一步完善重点企业"服务包"工作机制，加强对"服务包"的后续跟踪，确保服务举措落实落地。对于大中小企业分门别类调整政策关注点，大幅减少大水漫灌式的帮扶举措，大幅增加精准帮扶措施。如小微企业在企业注册方面给予支持；中型企业在税务信贷方面给予支持；大型企业在考核审计方面给予支持。围绕民营企业自建办公场所购地难、租用办公用房难、购车缺乏政策倾斜、停车难、新能源汽车充电桩少、人才落户难、胡同脏乱等普遍性的问题，相关职能部门进行会商，制定出台一套对区域发展有特殊贡献企业优先享有公共服务便利的准入标准和政策对接措施，坚持政策措施要实化、具体化、更具含金量，切实提高政府着力解决的问题与企业亟须解决的问题之间的匹配度，着力为企业提供有针对性的个性化服务。大力推介民营企业参与到对口帮扶地区产业发展、社区治理、政府购买服务等工作中，让民营企业更具获得感。

三是切实提高工作人员服务水平。惠企政策实施前，通过集中培训、重点宣讲、个别辅导等方式，由制定政策的部门对相关职能部门执行政策的一线工作人员进行全员培训，切实提高一线工作人员对政策的掌握程度，确保工作人员对政策实施的范围、条件、流程清楚，业务熟练。加强对窗口人员服务的标准化管理，定期组织业务素质培训，开展服务技能评比，提高工作人员的政策水平。严格落实首问负责、一次性告知、AB角分工等相关服务机制，坚持"三个一"原则，即对咨询人员一次性告知，办事程序一次讲清，填报表格一次给清，提升服务企业的专业化水平，为企业用工难、辞工难提供便利支持。加强对窗口工作人员效能的考核监督，将因服务企业不作为不担当、服务态度不佳被投诉举报的问题纳入干部年终绩效考核项目，切实改进工作作风，提高工作效率和服务质量。

四是切实推进联系服务企业常态化。擦亮"紫金服务"品牌，切实落实企业服务"1+7+17"管家制度,在发改委总管家、重点产业重点企业专项管家、17街道区域管家三级联系服务企业工作体系架构下,切实把支持民营企业发展作为一项重要任务,25名管家、政府部门经办人员需花更多时间和精力关心民营企业发展、民营企业家成长,做到走访企业全覆盖,耐心听取民营企业的诉求,尤其在民营企业遇到困难和问题时更要积极作为,帮助解决实际困难,更好地激发创业发展的热情。工商联要充分发挥"桥梁"作用,积极协调沟通相关部门,推动政府在制定对市场主体切身利益或者权利义务有重大影响的规章、规范性文件时,除依法需要保密的外,应当充分听取民营企业、行业协会商会以及律师协会的意见,让企业切实感受到工商联和商协会带来的会员间业务对接的便利。

五是切实加快推进"智慧政务"工程。加快推进"互联网+政务服务",以"信息技术+制度创新"推动政务流程再造,进一步精简审批事项,进一步优化行政审批流程,进一步规范政务服务标准,着力在一网通办、综合窗口、"四减一增"(减事项、减材料、减次数、减时限、增强公开透明度)上实现新突破。加速实现身份信息、银行信息、社区网格化、空间地理等信息系统的衔接融合,加大政府相关职能部门的内部信息汇聚、共享、开放力度,打破"信息孤岛",形成数据"一张网",减少企业重复提供相关证明材料的负担。在一定时间内需由两个以上同级部门分别实施的具有关联性的行政审批等政务服务事项,可以实行由一个部门统一接收、转送申请材料,各相关部门同步审批,分别做出审批决定的并联审批方式。除法律、法规明确规定外,任何单位不得将一个行政审批事项的办理结果设置为另一个行政审批事项的前置条件。

二 政策实施公平化

一是依法保障民营企业平等获取要素。切实增强政府部门的市场意识和公平竞争理念。政府在资金投向、土地供应、税收优惠、费用减免、资质许可、标准制定、项目申报、职称评定等方面给予民企公平待遇，禁止滥用行政权力排除、限制竞争。特别是清理废除妨碍民企公平竞争的各种规定和做法，保障民企依法平等进入负面清单以外的行业、领域和业务。其一，加大对民营企业招商配套、创业支持、社会保障等方面的支持力度。如适当降低招标门槛，让更多民营企业有机会参与财政项目、政府购买、社区治理等领域。其二，加强招标投标和政府采购监管，公开透明、公平公正对待民营企业，不得以不合理条件进行限制或者排斥，对于滥用行政权排除、限制竞争的违法违规行为，依法纠正和查处。其三，在政府采购范围中扩大民营企业入选数量，同时规定政府采购费用总额中，增加从民营企业购买的比例。

二是完善国企民企平等扶持政策。按照"少限制多鼓励、宽进严管"的原则，推进"非禁即入"普遍落实，支持民营企业进入运营领域，坚决破除各种不合理门槛和限制，打破各种各样的"卷帘门""玻璃门""旋转门"。在市场准入、审批许可、招标投标、军民融合发展等方面营造国企、民企、外企公平竞争、一视同仁的营商环境，落实好民企和国企在贷款周期、额度、费用等方面的公平政策，提供充足市场空间，不断缩减市场准入负面清单事项，最大限度地实现民企准入便利化，进一步激发市场主体活力和社会创造力。有效破解民营企业"引才用工难"问题，落实人才引进"集贤计划"，优化海外人才落户流程，推进民企人才高地建设。

三是落实好公平竞争审查制度。建立规范性文件合法性审核机制，加强公平竞争审查理论研究和业务培训，对未经公平竞争审查和不符合审查标准的政策措施，不得出台。经评估和审查认为规范性文件及其他政策文件具有排除、限制竞争效果的，应当不予出台，或调整至符合相关要求后出台。探索尝试开展竞争执法，提高公平竞争审查约束力。建立规章、规范性文件及其他政策文件制定发布的统筹协调机制，结合经济社会发展总体形势，科学进行制度设计，合理把握出台节奏，全面评估政策效应，避免相互矛盾或者政策叠加对市场主体正常生产经营活动造成负面影响。

三　执法维权法治化

一是减少对企业生产经营的干预。有关部门对同一检查对象的多个检查事项，能够合并事项或者联合实施的，应当合并事项或者联合实施，尽量减少对市场主体生产经营活动的影响。对于一般违法行为，依法审慎采取行政强制措施，最大限度地降低对市场主体正常生产经营活动的不利影响。职能部门落实宏观监管、底线监管责任，切实减少对民企生产环节的"越位"监管，在企业换门脸、内部装修期间给予企业最大经营权，充分保障企业生产经营自主权，减少摊派事项和各类达标评比，最大限度地减轻企业负担。联合执法部门应进一步明确职责，避免干涉本应由市场解决的问题，在安监、环保等微观领域的执法过程中减少不当干预。

二是依法保障民企合法权益。依法保护民营企业自主开展生产经营活动的权利，除法律、法规另有规定外，任何单位及个人不得干涉；对恶意投诉企业的行为，政府既要严格依法审查，又要充分维护涉案当事企业权益，依法保护民营企业财产权和其他合法权益，避免简单化执法给企业造成负面影响。研究由政府规划调整、政策变化、公共利益或其他法定事由造成企业合法权益受损的情况，建立依法依规补偿救济长效机制。行政机关、事业单位不得凭借优势地位违约拖欠民营企业的货物、工程、服务款项，民营企业有权依法要求拖欠方支付拖欠款并对拖欠造成的损失进行赔偿。

三是加强行政执法监管体系建设。制定《行政执法规范化建设三年实施方案（2018年—2020年）》，推进行政执法"协同办"。明确执法标准，提高审批的公开公平度，推进"双随机、一公开"跨部门联合监管，推行信用监管和"互联网＋监管"改革，切实解决行政执法监管难的问题。针对不同风险等级、信用水平的监管对象采取差异化分类监管措施，合理确定、动态调整抽查比例、频次。对诚信守法、风险较低的监管对象，适当降低抽查比例和频次；对失信违法、风险较高的监管对象，适当提高抽查比例和频次。实施行政检查，不得非法妨碍市场主体正常的生产经营活动，不得索取或者收受财物，不得谋取非法利益。行政机关应规范自由裁量权，所采取的措施和手段应当必要、适当，并在行政执法决定中说明裁量权的理由。

四是完善纠纷多元对接解决机制。政府及其有关部门整合律师、公证、司法鉴定、人民调解、仲裁等法律服务资源，为民营企业提供法律咨询、法律援助和法律救济等服务，引导民营企业依法维权。推动建立调解、行政复议、仲裁、诉讼有效衔接、相互协调的市场主体纠纷多元化解机制，将依法认定的拒不履行合同的行为，纳入有关市场主体信用记录。对于反映较突出的知识产权纠纷，可建立区委领导下以法院为枢纽、多方共同参与的知识产权保护联席会议制度，将不同类型的知识产权纠纷纳入统一的诉调平台进行处理，开展"互联网＋知识产权保护"工作，通过源头追溯、实时监测、在线识别等方式进行知识产权快速审查、快速确权、快速维权，加快建立知识产权侵权惩罚性赔偿制度，加大对民营企业知识产权保护援助力度。

四　营商环境制度化

一是探索完善鼓励创新容错制度。引导金融机构为民营企业创新创业提供资金支持，探索建立创业保险、担保和风险分担制度，对企业合法经营中出现的失误失败给予更多理解、宽容、帮助。充分调动企业改革积极性，引导企业树立能坚持、敢投入、肯容错的思维，激发企业家的创新活力和创造潜能。特别是对跨领域的新产业、新业态、新技术、新模式，建立新的检测评价体系。按照鼓励创新、包容审慎的原则，有针对性地确定监管方式和标准规范，依法保护创新，探索完善行政管理的容错机制，同时要坚守安全和质量底线，对首次、轻微的违规经营行为，依法免于行政处罚，但严禁以创新的名义实施违法行为。另外，结合区总体规划和具体行业实际，探索制定和出台行业发展的指导意见，为行业内企业转型指明方向，最大限度地减少企业的转型风险。

二是固化畅通有效的政企沟通制度。鼓励企业家通过正常渠道反映情况，讲真话、谈实情、建净言。建立营商环境建设联席会议机制，把营商环境优化和服务企业有机结合起来。如固化政企早餐会、下午茶、议事厅、主题沙龙等政企沟通制度，形成区级领导定期倾听民营企业声音的工作惯例；固化改革优化营商环境工作领导小组的组织领导和统筹调度制度，建立周碰头、月调度、季通报工作机制；固化相关部门领导走访民营企业等制度，定期组织民营企业去政务服务大厅参观，将优秀民营企业家作为区委智库来源，有效畅通企业利益诉求的表达渠道。完善面向市场的政企沟通机制，依托企业服务网，建立问题收集、分解、督办、反馈评估机制。设立"营商环境优化提升咨询会"，聘请市场机构作为营商环境建设咨询顾问，发挥营商环境特邀监督员的作用，及时客观公正反馈情况，面对面交流沟通企业发展遇到的问题及困难。

三是建立优化营商环境督察制度。建立营商环境诉求处理长效机制，在政务服务大厅等相关部门门户网站显著位置设置监督窗口或者监督平台，及时收集处理调查损害营商环境的行为，对有关营商环境的投诉、举报，应当依法及时受理，并依法为投诉人、举报人保密。在落实营商环境特邀监督员制度的基础上，充分借鉴党内巡视巡察制度经验，进一步加强优化营商环境工作组织机构和工作机制建设，由区委、区政府抽调相关部门骨干组成全区优化营商环境工作督察组，定期对全区相关职能部门落实中央、市、区关于优化营商环境相关工作任务情况进行巡回督察，并对优化营商环境行动计划落实情况进行专项督察；建立健全优化营商环境相关政策落地工作的考核机制，细化考核指标，并将企业满意度调查作为重要依据纳入考核进行统筹安排。委托第三方机构建立开放式的营商环境评估评价机制，定期向社会公布，及时解决相关政策落实不到位问题并建立问责机制。

四是推进诚信东城制度建设。按照 2020 年底前完成北京市社会信用条例立法工作要求，率先建成覆盖全区常住人口的东城"个人诚信分"工程。对政府及其有关部门和工作人员在履职过程中，因失信违约损害营商环境被司法裁判、行政处罚、纪律处分、问责处理的，相关信息应当纳入政务失信记录，对造成政务失信行为的主要责任人依法依规追究责任。将企业诚信档案统一归集至全区统一的公共信用信息服务平台，对未按时年报及抽查中发现隐瞒真实情况、弄虚作假或失联等企业依法列入经营异常名录，在"数字东城"网站完善行政许可和行政处罚等信息专栏专区和信息发布机制，建立定期发布和曝光失信"黑名单"制度，对严重破坏市场公平竞争秩序和社会正常秩序的失信主体，由有关部门和单位依法依规实施联合惩戒。建立与北京市信用平台信息共享交换机制，将区属企业行政处罚信息导入区信用信息管理服务平台，加大联合信用约束力度，形成让失信主体"一处失信、处处受限、寸步难行"的信用惩戒格局，引导企业和个人以诚信立身、兴业，打造"诚信东城"。

第九章　疏解非首都功能优化民营经济研究：以朝阳区为例

自北京明确城市定位是全国政治中心、文化中心、国际交往中心、科技创新中心后，疏解中心城区（东城区、西城区、海淀区、朝阳区、丰台区、石景山区）非首都功能和人口已成为北京近年来重点任务之一。作为北京主城区重要组成部分的朝阳区，一方面要坚决疏解非首都功能，包括一些经济功能；另一方面又要促进民营企业创新转型，确保区内经济社会发展保持足够的生机和活力。

民营企业是社会主义市场经济的重要组成部分，是经济社会发展的重要基础。"支持民营企业发展，激发各类市场主体活力"是新时代中国建设现代化经济体系的重要经济策略。习近平总书记多次强调"两个毫不动摇""三个没有变"，为鼓励、支持、引导民营企业发展指明了方向。党的十八大以来，民营企业已成为北京市朝阳区经济社会发展的重要力量，形成了大企业"顶天立地"、小企业"铺天盖地"和存量结构优化、增量创新驱动的良好发展态势。

当前，中国特色社会主义已经进入新时代，社会主要矛盾已经转化为人民日益增长的美好生活需要和不平衡不充分的发展之间的矛盾。在全球经济下行压力背景下，如何更好地发挥民营企业的创新主体作用，实现经济高质量发展是朝阳区面临的重要课题。

第一节　民营企业产业结构分析

一　朝阳区主要产业功能定位

朝阳区是北京文化中心、国际交往中心、科技创新中心三大核心功能的主要承载区。近年来，朝阳区从自身功能定位、资源禀赋条件、产业基础等方面综合考虑，不断加快区域经济发展方式转变，深入推进供给侧结构性改革，推动产城融合高水平发展。朝阳区一方面积极鼓励、支持、引导民营存量企业产业转型，朝着符合朝阳区确定的产业方向发展；另一方面利用朝阳区国有工业企业退出而保留的大量厂房，作为众创空间，发展文化创意、高科技研发、互联网产业，以新技术、新业态、新商业模式作为增量经济发展方向。在此背景下确定了现代服务、文化创意、金融、高新技术作为重点产业发展方向。

（一）积极优化"一廊两带三区"

"一廊"指"连接首都功能承载区与城市副中心的现代都市景观与产业融合发展廊道"。将通过实施基础设施、环境建设、产业发展、公共服务、社会治理"五大提升工程"，带动东部、东南部地区发展升级，服务市行政副中心建设。

"两带"分别指"生态环境带"和"高精尖经济发展带"。其中的"高精尖经济发展带"，是指以承载首都功能为导向，连接 CBD、奥林匹克公园核心区、中关村朝阳园等重点功能区，重点发展国际金融、商务服务、文化创意、科技服务等高精尖产业，发挥对区域经济发展的示范带动作用。

"三区"建设各有侧重。其中"建成区"着力于提高国际化、精细化、智能化管理水平，塑造国际一流的和谐宜居城市形象；"集中建设区"重在强化空间管控，完善公共服务和基础设施，实现功能完善、产城融合、用地集约、生态良好的目标；"疏解提升区"则重在推进低级次产业调整退出、出租大院拆除、"城中村"整治、棚户区改造等任务。

（二）构建"两核、三带、多基地"的空间布局

朝阳区以国家文化产业创新实验区为契机，不仅出台"文创十五条"等方针和政策，而且构建"两核、三带、多基地"的空间布局。到2020年实现文化产业收入翻一番。

"两核"指CBD区域的国际文化商务核、中国传媒大学定福庄区域文化创意创新核，主要吸引旗舰型文化企业、大型新兴传媒机构、传播平台运营商，打造高端智库中心。"三带"指通惠河创意设计产业带、朝阳路文化传媒产业带、朝阳北路时尚休闲产业带，主要吸引传媒影视等内容原创、技术创新、产品交易、版权服务的项目。

二 朝阳区优化产业结构的主要做法

（一）出台新一轮四大重点产业三年行动计划

在高精尖产业结构构建方面，围绕北京"四个中心"功能定位，聚焦高增长行业、具有核心竞争力企业和国家尖端技术项目，加快高精尖产业布局，进一步明确发展方向。如编制出台新一轮四大重点产业三年行动计划、研究制定精尖产业指导目录、构建覆盖全领域的政策支持体系、研究制定支持楼宇经济和农村产业空间利用的专项政策等。

（二）大力发展"三新"经济

大力推进"三新"经济（新产业、新业态、新商业模式），涌现出一

批如中商惠民、华润万东医疗装备等新业态、新科技、新商业模式企业；与此同时，根据京津冀一体化区域发展战略，主动搭建职能部门与民营企业桥梁，积极协助民营企业人士疏解和转移传统制造产业、传统贸易企业，取得了良好成效。

（三）有针对性的产业政策

为了进一步优化朝阳区产业结构，促进高精尖产业发展，朝阳区出台了"一揽子"产业政策。如 2017 年出台支持商务楼宇和农村产业空间利用的专项政策以及高精尖企业人才奖励办法等政策，设立了规模各 100 亿元的科技创新创业、文化创意产业引导基金等。具体产业政策如下。

（1）为完善"十三五"规划体系，区发改委统筹各产业办编制了商务服务、金融、文化创意、高新技术等四个产业发展三年行动计划（2017 年–2019 年）。

（2）为加快构建朝阳区"高精尖"经济结构，加大对重点产业支持力度，出台了重点产业发展引导专项资金支持项目。

（3）为大力引导金融服务实体经济，朝阳区 2018 年 9 月推出金融政策 10 条和开放 36 条，对新落户符合国家对外开放和首都功能定位的金融机构给予大力支持。

（4）为进一步加快培育和发展朝阳区战略性新兴产业，促进产业结构的优化提升，朝阳区高新技术产业领导小组办公室出台了朝阳区高新技术产业发展引导资金支持项目。

（5）在人才政策方面，先后出台了《朝阳区关于大力推进海外学人工作的实施意见》（京朝办发〔2009〕34 号）、《朝阳区鼓励海外高层次人才创业和工作暂行办法》、《朝阳区优秀海外人才引进资助暂行办法》（朝政发〔2013〕14 号），并结合北京市政策，提出了朝阳区海外高层次人才认定与资助工作实践。

三　朝阳区现有产业结构分析

近年来，朝阳区以服务型经济为主导的经济结构持续巩固提升，三次产业结构由 2010 年的 0.05∶11.44∶88.51 调整为 2017 年的 0.02∶6.87∶93.11，构建形成了"4＋4＋4"的产业体系格局。商务服务、金融、文化创意、高新技术四大重点产业发展优势日益凸显，现代服务业实现对财政收入贡献率超过 50%，金融业对财政收入增长贡献率达到 71%，文化创意企业数突破 5.7 万家。新一代信息技术、新生物医药、新能源、信息服务四大战略性新兴产业稳步发展。

2016 年朝阳区规模以上企业分布在三大经济功能区（中央商务区、电子城科技园、奥运村）的数量为 7858 家，所占规模以上企业数量 84.6%。经过近年来的有序疏解，朝阳区基本形成了以商务服务、金融、科技和文化创意产业四大高端行业为核心的产业体系。2018 年上半年，四大高端行业增加值占朝阳全区 GDP 的 49.3%。同时，朝阳区聚集了 888 家总部企业，约占全市 22.4%。特别值得一提的是，2018 年 1~5 月，文化创意和高技术两大创新产业规模以上企业营业收入分别达到 1322.2 亿元、1058.5 亿元，实现了较快增长。

四　民营企业所在的主要产业领域

目前朝阳区有 45 万户以上的市场主体，绝大部分是非公经济、民营企业，其主要产业领域包括：高技术产业、商务服务业、文化创意产业和金融业。

（一）高技术产业

主要企业包括新一代信息技术产业，如中电华大；新能源技术和节能环保产业，如汉能控股等优势企业；新生物医药产业，如阿里健康；消费互联网，如美团。

（二）商务服务业

主要企业涵盖商务服务、科技信息服务、金融服务、文化创新、中医药服务贸易、生活服务等六大领域。

（三）文化创意产业

主要企业分布在数字内容、创意设计、文化贸易、休闲娱乐、高端会展、古玩及艺术品交易、文艺演出、文化创意产业新兴媒体、文化交易、文化展示、高端创意等行业。

（四）金融业

主要企业分布在信用评价、版权评估交易、投融资、众筹、第三方支付、移动支付、金融租赁等行业。

第二节　民营企业发展情况及问题

一　朝阳区民营企业发展状况

朝阳区作为北京市经济总量排名第一的市辖区，2016年地区生产总值（GDP）占北京市20.1%。民营企业不仅为朝阳区经济发展做出了重要贡献，而且还凸显了朝阳区在民营经济发展方面的竞争优势。到2016年，朝阳区拥有企业数量317880家。其中，民营企业数量为264457家，占朝阳区实有企业数量的83.2%，占北京全市民营企业总数的23%。朝阳区超过85%的民营企业分布在批发和零售、科研和技术服务、租赁和商务服务、文体娱乐四大行业，与朝阳区功能定位、"双轮"（文化创新和科技创新）

驱动发展战略、重点产业发展方向基本相符。

（一）朝阳区民营企业行业结构趋向进一步集中

2016 年朝阳区新设企业 55739 家，其中分布在科研和技术服务、租赁和商务服务、批发和零售、文体娱乐等四大行业为 50852 家，所占比重为 91.23%。在朝阳区新设企业中，民营企业为 48051 家，占朝阳区新设企业的 86.2%。这充分说明朝阳区民营企业产业分布结构在不断优化，现代服务、文化创意、高新技术正成为朝阳区民营企业的主要方向。

（二）民营企业区域集聚效应愈显突出

例如，三大经济功能区中，中央商务区（CBD）汇集了律师事务所、会计师事务所、咨询设计、企业总部、互联网等民营企业，成为中国高净值人士主要活动区域；奥运村功能区汇集了商务会展、文体娱乐、旅游等企业；中关村电子城科技园越来越成为移动互联网、大数据、云计算、生物医药、节能环保、新能源等科技型民营企业决策总部、研发总部集聚区。另外，以通惠河两岸众多文创产业园组成的国家文化产业创新实验区成为网络传媒、影视制作、动漫游戏、广告会展、产品设计、软件和信息服务等企业集聚区。

（三）文娱、科研等新兴行业发展较快

从增长速度看，文体娱乐（文化创意）、科研和技术服务、金融、信息软件技术服务等新兴行业发展较快，传统行业发展较慢，甚至建筑、制造等行业出现了负增长。2016 年朝阳区来自外地资本投资额占总投资额的 71.9%，其中，科研和技术服务、租赁和商务服务、文体娱乐等三大行业又占朝阳区吸引外地资本投资额的 75.2%。2016 年上半年，朝阳区科研和技术服务、租赁和商务服务、文体娱乐等现代服务业成为净移入行业，房

地产、交通运输、餐饮等行业成为净输出行业，朝阳区通过不同行业企业移入与移出，优化了产业结构。总之，通过转移、转型，朝阳区民营企业产业结构呈优化状态。

2016 年 10 月到 2017 年 9 月，朝阳区新设文化创意产业企业 2.07 万家、新设科技服务业企业 2.54 万家，分别占全部新设企业比重 36.8% 和 45.2%。截至 2017 年 9 月底，朝阳区注册文化创意产业企业 13.35 万家、科技服务业企业 15.26 万家。

（四）朝阳区民营科技型企业"轻资产、重人才"特征愈加显现

朝阳区民营企业发展重点不在于产业链的完善，而在于创新链的构建。这种变化不仅是企业发展的必然结果，也是朝阳区产业政策调整的结果，充分显示朝阳区已由依靠人口红利转变为依靠人才红利。

（五）朝阳区重点文创产业园区对区域文创发展的辐射带动作用明显

朝阳区内聚集了 65% 的驻京国际文化百强企业，民营企业和港澳台及外资文化创意企业占全区文化创意企业总数的 88%，聚集了北京近90% 的外国驻京传媒机构。朝阳区不仅成为众多国际传媒机构的首选地，而且也成为国内民营文化创意企业发展标杆。朝阳区文创产业发展呈现总量提升、集群升级、品牌引领、协同发展的特点，已经成为引领带动朝阳区转型升级的重要力量。2016 年 10 月到 2017 年 9 月，朝阳区新成立现代服务企业 4.42 万家。截至 2017 年 9 月底，朝阳区现代服务业企业 24.49 万家，占企业总数的 69.5%；现代制造企业占制造企业的比重为 26.2%。

二 朝阳区民营企业存在的主要问题

(一) 大量民营企业向外疏解可能导致短期税源、就业岗位和居民收入减少

朝阳区主要位于北京三环与五环之间，集中分布着需要疏解的奥运村功能区4S汽车店、潘家园古玩市场、十里河与四惠建材家居市场等。这些批发市场或专业市场占据了朝阳区批发和零售业大部分比重，为朝阳区经济发展做出过相当大的贡献，但与朝阳区发展定位不符，且这些市场也存在交通拥堵、社会治理困难等问题，需要转移或转型。另外，分布在街道、小区中的低端服务业和分布于城乡接合部（主要在五环附近）的传统低端制造业也将面临疏解或淘汰。这些低端服务企业、传统制造企业疏解或淘汰可能导致短期朝阳区税源、就业岗位和居民收入减少。

(二) 大量民营企业面临房租成本上升问题

近年来，北京房价连续攀升，导致房租也呈不断上涨态势。朝阳区作为北京主城区之一，区位特殊，交通便捷，中央商务区、电子城科技园区、奥运村功能区等包含创业就业机会众多，使得朝阳区成为北京房价、房租涨幅最大区域之一。由于朝阳区服务业投资人大多以异地投资商为主，为降低成本支出，大多以租赁经营房产为主要形式，随着房租大幅上升，许多行业成为为房东"打工"行业，企业利润最后大部分进入房东之手。

(三) 大量民营企业存在"融资难""融资贵"问题

朝阳区民营企业分布行业以商务服务业、文创产业、高技术行业为主，绝大多数民营企业具有"轻资产"特点。同时，分布于新兴行业的企

业成立时间短、企业规模小、创业者年轻、在京缺乏人脉资源，导致朝阳区大量民营企业在发展中融资异常困难。对于天使投资、创业投资（风险投资）形式的股权融资，依然存在"粥少僧多"问题，只有少之又少的创新型企业可能获得股权融资。"融资难""融资贵"已成为朝阳区民营企业发展的一大困难。

（四）大量民营企业存在严重同质竞争问题

朝阳区经济以服务业为主，许多服务业民营企业或多或少存在同质竞争问题，从而表现出过度竞争特点。一方面，一些传统服务业市场基于朝阳区人口疏解、电子商务冲击、经济增速下滑等原因，出现萎缩竞争过度的现象；另一方面，一些新兴行业（如文创产业、互联网企业等）处于发展"风口"之中，政府鼓励、市场叫好，民间资本"一哄而上"，结果行业迅速进入饱和或超饱和状态。

（五）大量民营企业缺乏产业协同

朝阳区民营企业缺乏行业之间协同和行业内协同，甚至在同一楼宇内也老死不相往来，每个民营企业都是一个"信息孤岛"，数量众多的主题产业园区（尤其文化创意园区）大多没有成为富有生命活力的企业生态群落，企业信息搜寻成本和交易成本很高，物理上的近距离乃至零距离优势没有发挥出来。由于信息传递阻隔，各个行业处于"企业个体理性、行业整体非理性"状态，各民营企业不得不成为业务雷同企业，传统行业企业不得不实行价格竞争，处于成长期的新兴行业经常出现"一哄而上"变为"一哄而散"，最后落得"满地鸡毛"。

目前，朝阳区各经济功能区（中央商务区、电子城、奥运村等）、主题产业园区（尤其文创产业园区）、产业集聚区，亟须从法治环境、政策环境、市场环境、社会环境等角度，打造成符合北京产业发展方向、充满生机活力、差异化发展的企业生态群落。

（六）一些成长性好的高科技民营企业缺乏发展空间

目前，朝阳区民营企业承载地主要是各类产业园，但大多产业园并不是定制式产业园，而是北京国有企业老厂房的改造再利用。当然，也存在少量新建的小型产业园。但这些产业园适宜做"双创"（创新创业）空间、企业孵化器，不适宜做企业加速器、制造产业园。又由于朝阳区地价、房租高昂，宜发展企业总部，不适宜发展生产制造，使得一些与制造等紧密相关的高科技民营企业，如精进电动公司、握奇数据公司等，缺乏发展空间。一些成长性好的高科技民营企业只能在非常局促的空间中进行研发，没有空间建立小试、中试基地。

（七）一些文创产业园难以由集聚区向功能区转型

朝阳区文创产业园主要由老工业厂区改造而成。一方面，随着经济发展进入新常态以及互联网等新兴文化消费业态兴起，文创产业步入发展快车道，但各文创产业园快速建设背后，跟风建设、各自为战、聚焦热点等现象突出，"文化产业园""时尚产业园""影视产业园"等遍地开花、功能雷同、定位相似，导致各文创产业园在招商、建设、服务等领域陷入同质化竞争；另一方面，各文创产业园之间、行业之间、企业之间缺乏相互融合，"瓦片经济"与"二房东意识"使得产业园区、创意创新主体与文创产业发展缺乏互相促进的良性循环，也使未来发展缺乏核心竞争力。目前，朝阳区大量文创产业园还停留在产业集聚区阶段，主要依靠赚取房租差价为生。

（八）民营企业向公司制企业转化偏少

朝阳区民营企业主要为家庭企业和合伙制企业，真正以公司制形式运作的企业偏少。一方面，民营企业创建时主要以家庭为单位，从而形成了家庭企业；另一方面，朝阳区广泛分布一些依靠人力资本为生的行业。如律师事务所、会计师事务所、设计工作室等，主要以合伙制形式存在。朝阳区合伙制企业大量存在，既是一些行业发展需要，也是一些创新型企业创业阶段发展需要。但从企业发展终极形式看，需要转化为公司制企业形式。

三　制约民营企业参与朝阳区建设的主要因素

尽管民营企业在发展中取得了不小的成就，有着较好的发展势头，但在整个世界经济进入缓慢复苏的后危机时代，全球竞争愈演愈烈，朝阳区民营企业在当前全球经济大环境下也面临政府主管部门层面政策引导不到位和企业自身如原材料价格、科技创新、劳动力成本、用地成本、融资问题等一系列企业经营性问题。因而在发展过程中存在明显的困难，容易出现后劲严重不足的态势，严重制约和影响朝阳区民营经济更好更快地发展。

（一）政府主管部门层面

1. 缺乏顶层设计

一是从顶层设计上，缺乏民营企业参与经济发展的法规标准和监督评估，推进民营企业发展综合性法律立法滞后，国家政府层面的行动计划方案尚未出台，规划、项目、投资、绩效评估体系空缺，无刚性约束和执行力。二是朝阳区级政府层面也缺乏支持民营企业参与经济发展的详细的行动计划方案。三是不同部门对怎么支持、谁主导民营经济发展等的认识不一致，各级部门推动民营经济发展主要基于上级部门指示，自身尚无明确发展思路。由于民营企业与地方国有企业未能有机衔接，导致行动上难以形成合力。

2. 组织机构尚未健全

当前，朝阳区民营企业参与经济发展基本上是自发的、零散的，甚至是无序的，没有专门组织领导机构，各级政府和有关部门还没有真正介入。民营企业参与经济发展由谁来负责领导、由哪个部门来组织实施、采取什么措施来具体落实等一系列问题尚未明确。

3. 政策导向尚未明晰

民营企业参与经济发展涉及很多政策性问题。如民营企业（企业主）无偿捐助公益事业的税收政策，民营企业参与合作开发的税收政策、信贷政策和土地政策，民营企业招收下岗职工、教育培训的扶持政策等，目前还没有具体规定。

4. 合作平台尚未建立

朝阳区民营企业参与经济发展主要是通过企业与行业主管部门的直接对接，政府还没有搭建有效的合作平台。如政策平台、项目平台、信息平台、活动平台、服务平台等。政府搭建的平台越宽，政企合作的概率越大，取得的成效也越明显。

5. 环境氛围尚未形成

朝阳区经济发展要依靠全社会的参与，特别是民营企业的参与。我们要积极营造良好的政策环境、政治环境、舆论环境、创业环境、人才环境等，鼓励和支持更多民营企业投身到朝阳区经济发展的具体实践中去。

6. 管理措施尚未规范

朝阳区经济建设是一项系统工程，民营企业参与是一种新生力量。为保证民营企业参与朝阳区经济发展规范有序，必须根据有关的法律法规制定相应的管理措施。如哪些项目是鼓励民营企业参与的、哪些是不能参与的，哪些是可以盈利的、哪些是必须无偿的，等等。

7. 相对公平的公共政策和宽松的制度环境

近年来，政府对民营企业的优惠和扶持政策陆续出台，极大地改善了民营企业的外部环境，但"税率过高""经营范围受到限制"依然是制约民营企业发展的两大外部环境因素。企业管理者认为政府应该在"规范市场秩序""创造和谐的社会环境""为企业生产经营提供各种服务"等三项经济管理活动中做出较大的改进。

（二）企业经营层面

1. 企业经营成本高

随着新的国家政策出台，北京市也相应提高了新增建设用地土地有偿使用费标准，并对相关政策做出重大调整，作为对土地具有高度依赖倾向的民营企业来讲，无疑加大了企业发展的成本。另外，有些民营企业在获取信息方面的代价过高，对一些新出台的有利政策缺乏知情渠道，更没有相应的平台进行宣传和讲解，因而也影响了企业竞争力的提升。

2. 如何更好地吸引人才留住人才

"大城市病"所带来的居住生存成本过高等系列原因，造成了民营企业员工流动率过高、人才难留难吸引的现状，已成为制约民营企业可持续发展的瓶颈。

第三节 多渠道发挥民营企业作用的思路及建议

朝阳区一方面要立足现有企业，尤其是符合朝阳区发展方向的企业，挖掘存量企业发展潜力；另一方面要按照新版北京总体规划要求，在中高端消费、创新引领、绿色低碳、共享经济、人力资本服务等领域培育新增长点，形成新动能，真正推动朝阳区经济发展质量变革、效率变革、动力变革。

一 把握四条原则

一是政府主导原则。各级政府部门必须明确自身角色、定位和职责，通过规划先导、投入引导、政策指导，充分调动民营企业参与的积极性，为民营企业参与经济发展创造更好环境，提供更大支持。

二是科学和谐原则。坚持以科学发展观与和谐社会理念来引导民营企业参与经济发展。在参与经济发展中，民营企业必须始终坚持以人为本，从帮助解决员工最关心、最直接、最现实的问题入手，把保护好、发展好、实现好员工的根本利益，作为民营企业参与经济发展的必然要求和自觉行动。

三是自愿双赢原则。必须立足于自愿，着眼于双赢。要充分尊重民营企业的主观愿望，根据企业自身的意愿来鼓励企业投资、参与经济发展。

四是务实可行原则。坚持因地制宜、分类指导民营企业参与经济发展，从朝阳区经济社会发展的实际出发，根据不同地方的经济发展水平和实际，有针对性地引导民营企业参与经济发展。既要切忌急功近利，形象工程；又要防止标准过高，模式雷同。

二 明确三大途径

一是着眼构建高精尖产业结构，提升朝阳区产业综合功能，引导民营企业参与建设产业结构优、经济效益高的经济体系。要坚持"龙头带动战略、品牌建设战略、弱项突破战略、组织合作化战略"四大战略，引导民营企业积极参与投资发展北京市具有技术和人才优势的高精尖产业，优化朝阳区产业结构，提升朝阳区产业综合竞争力，加快推进疏解非首都功能背景下朝阳区产业结构优化升级。

二是着眼提升城市综合实力，引导民营企业参与建设生活环境好、幸福指数高的新城市。引导民营企业积极参与对朝阳区公共事业和公共设施的投入和建设，加快把北京建设成最文明、最美丽的国际性大都市，打造成一个适宜居住的城市。

三是着眼提升员工综合素质。如充分为员工创造条件，并根据企业的实际情况及其自身特点为其安排适当岗位；广泛深入地开展员工技术比武、岗位练兵活动，并将劳动竞赛、合理化建议等多种形式的技术活动纳入工作目标，造就和培养更多的知识性技能型员工；在薪酬设计上也应充分考虑其实际贡献和示范效应，年底实行物质奖励与精神激励相结合的方式。

三　落实八项措施

（一）优化民营企业发展环境

一是要降低民营企业市场准入门槛。探索建立激励机制，支持民营企业积极参与发展先进制造业、现代服务业、军民融合产业、乡村振兴和脱贫攻坚等。鼓励民营企业参与国资国企混合所有制改革，发展一批民间资本控股的混合所有制企业。

二是大力规范市场经济秩序，完善社会征信体系和企业诚信体系建设，帮助企业加强内部管理和自身建设，维护企业家合法权益和人身财产安全，为民营企业发展营造良好的公正法治环境。

三是优化参与环境。一方面，要致力于优化民企参与经济发展的硬环境，增加对基础设施建设的投入，改善民营企业生活条件和营商环境，增强民营企业投资经济建设的吸引力。另一方面，要加大公共财政对文化教育卫生等社会事业建设投入，加强城市综合治理，改善法治环境，维护社会稳定，为民营企业参与经济发展营造良好的社会环境。

（二）加大民营企业存量调整力度，实现内生增长

朝阳区民营企业要实现内生型发展，要按照当地十九大报告要求，一是"建立以企业为主体、市场为导向、产学研深度融合的技术创新体系，加强对中小企业创新的支持，促进科技成果转化"；二是倡导创新文化，强化知识产权的创造、保护、运用；三是培养造就一大批具有国际水平的

战略科技人才、科技领军人才、青年科技人才和高水平创新团队。

(三) 鼓励民营企业聚焦文创、现代服务、高科技等行业

一是推动民营企业聚焦文创、现代服务、高科技等行业；二是推进传统产业由产业链制造环节向产业链两端环节（研发、设计和品牌推广、营销）转变；三是培育高科技新兴产业，依靠高科技新兴产业增量，逐步降低民营企业传统产业比重，优化民营企业产业结构；四是加快信息化与工业化深度融合，引导民营企业向信息化方向发展。

(四) 深化政府"放管服"改革，实现高效增长

在加快京津冀一体化进程中，一方面朝阳区要实行负面清单管理，鼓励社会资本在"退二进三""退三优三"过程中进入现代服务业；另一方面政府要与市场划清边界，充分发挥市场作用，让企业成为真正的市场主体。同时加强政府规划和引导作用，进一步下放、简化、优化政府"放管服"职能。

在政府规划和引导方面，朝阳区要加快推进现代服务业尤其是总部经济、工业设计、软件开发、电子商务、金融服务、科技服务等产业发展，使现代服务业成为朝阳区新的经济增长点。朝阳区拥有商务资源、媒体资源、商业资源、信息资源、文体资源、旅游资源、创意资源等软性资源优势，如何发挥这些软性资源优势，可以整合朝阳区现有楼宇和未来将要开发的楼盘，按照"商圈"模式，发展楼宇经济、服务经济、电子商务、体验经济、2.5 产业等；同时伴随城镇化发展，优化商业布局，使一些新社区商业零售业布局起来。由此，一方面现代服务业成为朝阳区新的经济增长点，另一方面加速朝阳区由景观型城镇化向功能型城镇化推进。

(五) 周密规划，实现集约增长和绿色增长

朝阳区在"形态"上，一方面对于过度开发的建设用地要"做减法"，

还地于生态需要，还地于青山绿水，让城市成为真正的宜居城市；另一方面在形态上先定位包括功能定位，后科学规划，确定每块土地不同功能、不同用途。在城镇体系上，朝阳区要科学规划，形成功能区核心区—功能区辐射区——一般街道（乡镇）三级民营企业发展体系。

（六）更大力度营造创新创业和追求卓越社会氛围

创新是引领发展的第一动力，必须把创新摆在国家发展全局的核心位置。朝阳区民营企业发展关键在于营造良好的创新创业环境，立足首都"四个中心"的城市战略定位和朝阳区民营企业发展三大主攻方向。

（七）创建北京自贸区，形成全面开放新格局

北京市在朝阳区设立自由贸易区，一方面进一步体现了朝阳区国际化功能，更加凸显朝阳区竞争优势，有利于打造朝阳区"高精尖"产业结构；另一方面充分发挥朝阳区优势，尤其首都国际机场优势和中央商务区、电子城等功能区产业优势，有利于朝阳区民营企业国际化发展，增强朝阳区核心竞争力。

（八）构建政府企业良性沟通渠道

一要加强精准服务。全面落实好国家减税降费各项政策，深化民营和小微企业金融服务、资金支持；构建"股＋债务"纾困体系，设立区支持优质上市公司发展基金，发展专项债券等；深入实施"三个一百"企业服务计划，切实帮助民营企业解决后顾之忧。

二要构建亲清关系。号召朝阳区广大党员干部在保持"清"的基础上，做到"清"上加"亲"。

第十章　民营企业运营情况调查分析：
以海淀区为例

近年来，我国经济运行形势仍面临严峻挑战，国际货币基金组织下调全球经济增长预期，国际环境不确定因素增加，国内经济存在下行压力。在复杂多变的国际国内形势下，中央及各地区精准有效地实施定向调控和统筹调度，各级政府继续坚持创新驱动，持续优化营商环境，推动高质量发展。企业市场预期和信心得到增强，产业结构、需求结构和就业结构进一步升级，经济运行呈现"开局平稳、稳中向好"发展态势。放眼全年，经济发展的任务仍旧艰巨，统筹调度工作的压力相对集中。

为较好地应对外部风险挑战和发挥政府作用，营造良好营商环境，促进民营经济健康平稳发展，区工商联开展了"民营企业家之声"微调查，收集有效问卷分别为 111 份和 105 份，并对调查问卷进行分析。通过此项调查我们掌握了微观主体的基本情况及市场预期，为实现"稳增长、促发展"的目标提出意见建议。

第一节　企业家视角看经济发展现状

企业作为国民经济的微观主体，是市场经济活动的主要参与者，对市场环境的变化相对敏感。而企业家作为企业运营的主体，对于市场的判断较之其他人来说具备相对的优势。从微观层面入手，通过了解企业家对企

业经营状况等方面的评估以及对经济形势的预判，可以更好地把握未来的
经济形势。

一 民营企业家对企业和行业运行评价保守

半数以上民营企业家对企业经营和行业运行评价保守，仅三成以上企
业家认为企业经营和行业运行状况良好。其中，33.3% 的企业家认为本企
业经营状况"良好"，55.0% 认为"一般"，二者合计 88.3%；认为行业
运行状况"良好"和"一般"的企业家比重合计 87.4%。企业家对企业
和行业综合评价详见图 10 - 1。

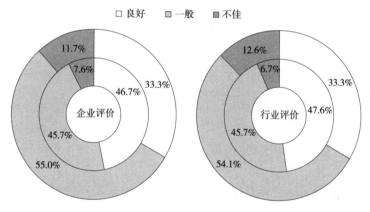

图 10 - 1 企业家对企业和行业综合评价（内圈为一季度，外圈二季度）

二 对下半年企业和行业运行预期中性偏乐观

民营企业家对未来企业经营和行业运行预期中性偏乐观，且对行业运
行状况的预期优于对本企业经营预期。调查显示，42.3% 的企业家对未来
本企业经营状况预期"良好"，49.5% 预期"一般"，二者占比合计
91.8%。民营企业家对行业发展预期较好，其中对本行业运行预期"良
好"和"一般"的企业家合计占比 95.5%（见图 10 - 2）。

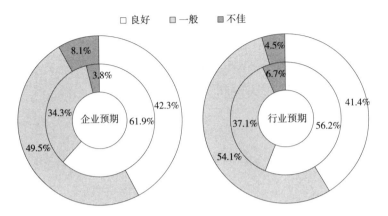

图 10 – 2　企业家对未来企业和行业经营预期（内圈为一季度，外圈二季度）

第二节　企业生产经营稳步推进

通过调查发现企业的生产经营稳步推进，六成以上符合生产进度，但订货/业务预定量存在一定程度下滑，企业用工和经营情况总体平稳。

一　企业生产经营稳步推进

生产计划是实现经营目标的重要手段，也是组织和指导企业生产活动有计划进行的重要依据。被调查企业的生产经营活动继续稳步推进，订货/业务预定量略有下滑。从生产经营进度看，63.1%的企业符合生产计划安排，6.3%的企业好于生产计划，二者合计占比69.4%；从订货/业务预定量看，62.2%的企业预订量正常，3.6%的企业预订量高于正常水平，二者合计65.8%（见图10–3）。

二　企业用工情况基本稳定

被调查企业用工情况基本稳定。调查显示，62.2%的企业用工人数基本持平，20.7%的企业用工增加。此外，17.1%的企业用工减少，而

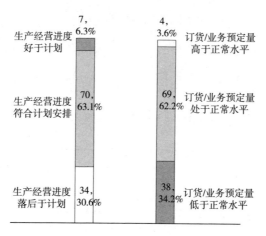

图 10 - 3 企业生产经营进度和订货/业务预定情况

"用工成本上升"和"业务调整"是导致企业用工减少的双重诱因（见图 10 - 4）。

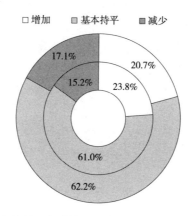

图 10 - 4 企业用工变动情况（内圈为一季度，外圈二季度）

三 供需方预期不匹配直接导致雇佣难题

2019 年的就业市场上，企业一方面受用工成本上升的影响产生主动裁员行为，用工减少的 16 家企业中有 10 家企业表示受此影响；另一方面，由于求职者与用工方的需求并不匹配，八成以上企业表示企业经营面临着不同程度的招工难问题。求职者对薪酬与就业环境存在过高期望是造成招工难问题的主要原因，存在招工难问题的企业中，受到这一问题困扰的企业占比44.7%，应聘者难以满足用工方的岗位需求是造成招工难问题的第二大原因，占比达34%（见表10－1、表10－2）。

表10－1 用工变动原因分析

单位：家

用工变动情况	计数	增加原因				减少原因				
		生产任务或订单增加	拓展新任务	季节性用工	其他	生产任务不足	用工成本上升	自动化程度提高	业务调整	其他
减少	16	—	—	—	—	7	10	5	4	3
基本持平	64	—	—	—	—	—	—	—	—	—
增加	25	13	20	1	0	—	—	—	—	—
总计	105	13	20	1	0	7	10	5	4	3

表10－2 招工难的原因分析

单位：家

是否存在"招工难"	计数	招工难的原因				
		求职者对薪酬、就业环境等期望过高	符合岗位要求的应聘者减少	求职者人数总体上减少	招聘渠道不畅	其他
存在，非常严重	4	3	3	4	0	0
存在，比较严重	29	23	16	12	6	0
存在，但不太严重	53	41	32	8	2	0
不存在	19	—	—	—	—	—
总计	105	67	51	24	8	0

四 七成以上企业产值/收入状况良好

被调查企业经营状况平稳向好，七成以上企业产值/收入平持平或增长。调查显示，共有 29.7% 的企业产值/收入实现增长，"订单增加"和"产品竞争优势提高"是促进企业产值/收入增长的两个主要原因，分别占比 57.6%、51.5%。选择增长企业收入增幅多处于"增 3%～10%"区间，占比为 13.5%；43.2% 的企业产值/收入基本持平，27.0% 的企业收入下降，"订单减少"则是导致产值/收入下降的首要原因，占比近八成，"产品竞争力不足"和"政策性限产"也导致了被调查企业收入下降，占比 20.0% 以上（见表 10-3）。

表 10-3 企业产值/营业收入（营业额）变动及原因情况

题目	选项	企业数（家）	占比（%）
企业本季度产值/营业收入（营业额）同比	①增 20% 以上	9	8.1
	②增 10%～20%	9	8.1
	③增 3%～10%	15	13.5
	④基本持平	48	43.2
	⑤下降 3%～10%	13	11.7
	⑥下降 10%～20%	7	6.3
	⑦下降 20% 以上	10	9.0
如果增长，主要原因［多选］	①订单增加	19	57.6
	②产品竞争优势提高	17	51.5
	③产能增加	3	9.1
	④其他	3	9.1
如果下降，主要原因［多选］	①订单减少	23	76.7
	②产品竞争力不足	7	23.3
	③政策性限产	6	20.0
	④突发因素	5	16.7

五 运营规划主动求变成为常态

推出新产品、应用新技术以及改进现有组织架构是企业规划运营的主要方式。从产品更新来看，55.2% 的企业近期有新品推出，共计 58 家，其中 58.6% 的企业会在半年内获取营收，55.2% 的企业确定新产品会带动营收增长，均占比半数以上。从技术迭代看，四成企业近期会有新技术应用，其中半数以上企业确定新技术应用会带来营收增长，三成以上企业确定新技术应用会带来管理效率的提高。从架构调整看，四成企业近期会进行架构调整，架构调整多集中在拓展市场、结构重组升级等方面，在这两方面做出调整的企业均超过 20 家（见图 10 − 5）。

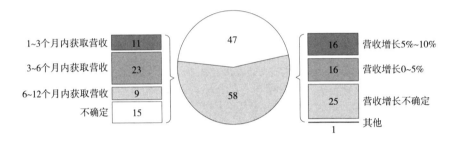

1~3个月内获取营收 11
3~6个月内获取营收 23
6~12个月内获取营收 9
不确定 15

47
58

16 营收增长5%~10%
16 营收增长0~5%
25 营收增长不确定
1 其他

图 10 − 5 被调查企业产品更新及盈利情况

六　研发创新活动活跃

开展研发创新活动是企业提升竞争力的主要手段，研发创新能力是企业持续经营的动力。超七成被调查企业为今后几年的发展制定了创新战略目标。其中32%的企业计划通过增加创新收入提升企业竞争力，分别有25%、9%的企业力争赶超同行业内国内、国际领先企业。研发创新活动得到企业的普遍重视。至少九成企业会在未来几年内保持研发投入占比不降低，且半数以上企业未来几年会逐年提高研发投入占比。从 2019 年的情况来看，六成被调查企业研发投入或者创新水平有所提高，其中11%的获得切实创新收益，另有43%的预计在三年内转换为生产力，创新成果转化收效显著（见图 10 − 6）。

七　资金成本与风险估量是研发创新活动的主要障碍

研发创新活动所占用的资金势必会对企业资金流动性带来影响。调查

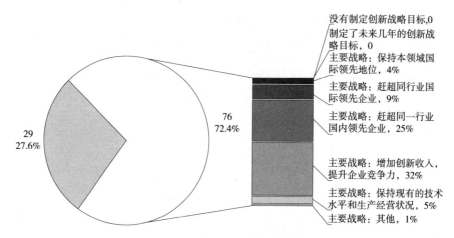

没有制定创新战略目标,0
制定了未来几年的创新战略目标，0
主要战略：保持本领域国际领先地位，4%
主要战略：赶超同行业国际领先企业，9%
主要战略：赶超同一行业国内领先企业，25%
主要战略：增加创新收入，提升企业竞争力，32%
主要战略：保持现有的技术水平和生产经营状况，5%
主要战略：其他，1%

图 10 - 6　被调查企业创新战略目标制定情况

显示，开展研发活动所要承担的高资金成本与要面临的高资金风险是两大主要阻碍因素，64.8% 的企业家认为研发活动受到了高成本的制约，46.7% 的企业认为研发期间面临的资金风险较大，在一定程度上抑制了企业的研发行为。另有 40.0% 、36.2% 的企业认为高层次人才缺乏与优惠政策落地情况不佳会对企业研发活动造成影响。

除研发活动的高成本风险之外，融资渠道也是企业面临的一大问题，多数企业研发创新活动的资金来源仍旧单一。企业自筹资金是技术研发创新的主要资金来源，九成以上被调查企业会在研发创新活动中调用企业自筹资金，其中 28 家企业将自筹资金视作研发创新唯一资金来源。虽然使用外源融资的企业达 67 家，占比六成以上，但近半数企业仅有 1 个资金渠道，通过 3 个及以上资金渠道筹措研发资金的企业仅有 21 家，通过境外筹资的企业仅有 1 家，整体而言企业的融资渠道仍旧单一。

八　本土企业国际化尚有待提高

本土企业的国际化程度与国际化视野均有待提高。被调查企业中，无海外业务的企业占比六成以上，另有近三成企业海外业务处于拓展阶段。

仅有9家企业已有成熟海外业务，这9家企业中，半数左右企业的海外业务在收入、投资、人员方面的占比不足全部业务的5%。具有国际化视野与行动的企业尚在少数。仅有25.7%的被调查企业在未来三年内有明确的国际化计划，共计29家，其中多数企业的国际化仍停留在尝试阶段或者推进阶段，分别为8家、17家。无海外业务的67家企业中，仅有6家制定明确的国际化计划，占比尚不足1/10（见图10-7）。

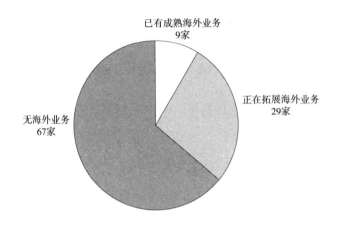

已有成熟海外业务
9家

正在拓展海外业务
29家

无海外业务
67家

图10-7　被调查企业海外业务开展情况

九　难以确定的预期收益与经验人才匮乏延缓企业海外扩张步伐

开展海外业务需要"天时""地利""人和"多方面条件兼具。从外部环境来看，企业出于避险的考虑限制业务开展范围。被调查企业中，56家企业认为海外市场存在较多不确定因素，58家企业认为海外运营成本较高且风险较大，均占全部被调查企业的半数以上。另有15家企业认为海外市场潜在空间有限。资金投入较大但预期收入难以保障是企业在海外市场难以放开手脚的主要原因。从内部条件来看，57家企业认为自身在国际化战略布局方面经验欠缺，48家企业认为国际化管理运营人才缺失致使海外业务开拓执行力不足，经验和人才的匮乏成为企业拓展海外业务的一大障碍。

另外，六成左右企业希望政府能够在国家政策、信息平台、运营资金等方面给予支持，从而提升企业的国际化水平。

十　营商环境总体满意度较高

北京市政府始终致力于为本土企业营造优良营商环境。在去年 9＋N 政策的基础上，2019 年再推出一批务实管用的改革举措，9＋N 2.0 版将在办理建筑许可、获得用水用气、开办企业、跨境贸易、纳税等多个领域推动北京营商环境持续改善。调查显示，这一政策的普及率高达 81.5％，且半数以上企业对这一系列政策有一定程度的了解（见图 10－8）。

为有效推进政策落地，北京市于年初启动"优化营商环境政策天天讲"服务，采用线上线下、宏观解读与微观咨询相结合的形式提供服务并收效明显，70.5％ 的企业对这一活动的效果表示肯定。在多项政策利好作用的带动下，营商环境得以明显改善，79.0％ 的企业表示区域营商环境较之前有所改善，36.2％ 的企业表示营商环境改善明显。营商环境的改善带来切实的企业获得感。70.5％ 的企业表示曾受益于减税降费政策，37.1％ 的表示企业受益于创新支持，26.7％ 的企业受益于简政放权。不过目前为止，减税降费仍旧是企业家眼中亟须解决的首要问题（见图 10－9）。

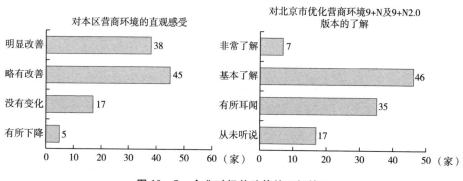

图 10－8　企业对相关政策的了解情况

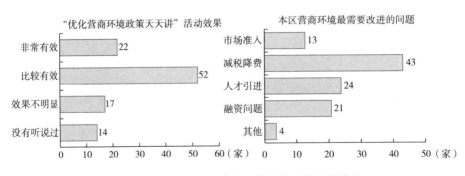

图 10 - 9　被调查企业营商环境满意度及相关情况

第三节　企业的发展环境

国内外发展环境的优劣影响企业发展，好形势才会培育出更多充满活力和竞争力的企业。调查显示，中美贸易摩擦不断扩散，影响到近半数被调研企业，降低了企业家对美投资信心。目前政府部门正通过深入实施减税降费等相关政策优化营商环境给企业减负，同时带给企业更多红利。

一　外部：中美贸易摩擦影响企业近半数

中美贸易摩擦的发酵给民营企业的生产经营带来不同程度影响，被调查企业中近一半受到中美贸易摩擦影响。其中 40.5% 的企业受影响较小，仅有爱奇艺、康斯特、易智时代、智优策科技等 10 家企业受到了较大影响，占比 9.0%（见图 10 - 10）。

从对美投资信心来看，43.6% 的企业投资信心不足；仅有 3.6% 的企业仍旧对美投资信心较强；从企业下游订单或业务受影响情况来看，近七成企业认为基本无影响，20.0% 的企业订单明显减少；从产品或服务价格受影响情况看，八成企业认为基本无影响，18.2% 的企业产品或服务价格明显降低；从企业成本价格受影响情况看，74.5% 的企业认为基本无影响，20.0% 的企业成本价明显提高；从重大技术引进或设备采购受影响情

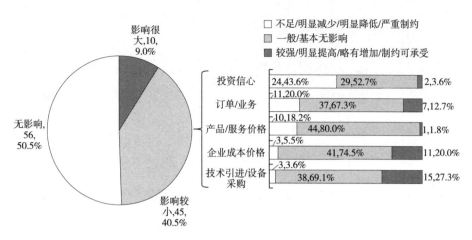

图 10－10 中美贸易摩擦对企业的影响程度及领域细分

况看，69.1%的企业认为基本无影响，27.3%的企业受制约程度在可承受范围内，仅有3.6%的企业收到严重制约。

被问及采取何种应对措施时，20.5%的被调查企业认为可以通过调整销售策略，增加其他融资方式，压缩不必要支出以降低综合成本等方式来应对困难，其他被调查企业并未提出明确的方案以应对中美贸易摩擦。

二 内部：减税降费政策初见成效

2019年以来，多项减税降费的举措密集出台。调查显示，七成以上民营企业对减税降费政策了解程度较高，减税降费的实施效果较好。从了解程度看，18%的企业家非常了解减税降费政策，55%的企业家基本了解，合计占比73%；从实施效果看，认为"比较有效"和"非常有效"的企业占比合计47.7%，认为"效果不明显"的企业占45.0%。由此可见，减税降费相关政策的实施已初见成效，仍需进一步推进落实（见图10－11）。

调查显示，随着一系列减税降费政策的落地，多数被调查企业盈利水平提升并将红利用于科研和人才招聘等。八成以上企业盈利增长处于0～10%的区间内，其中72.3%的企业盈利增长5%以内，12.9%的企业

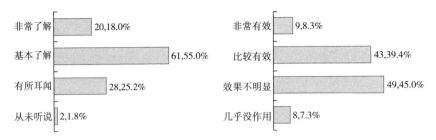

图 10 - 11　民营企业家对减税政策了解程度及效果评价

盈利增长超过 5%。企业增加的收入主要用于"增加科研投入"和"人才招聘",二者合计占比 78.4%,其次是应用于改进落后生产线(见表10 - 4)。

表 10 - 4　减税降费政策实施过程中企业盈利提高水平及用途

题目	选项	企业数（家）	占比（%）
盈利水平提高程度	①增 5% 以内	73	72.3
	②增 5% ~ 10%	13	12.9
	③增 10% ~ 20%	0	0.0
	④增 20% 以上	2	2.0
	⑤其他	13	12.9
获得的政策红利将用于	①改进落后生产线	19	13.3
	②增加科研投入	56	39.2
	③人才招聘	56	39.2
	④企业分红	5	3.5
	⑤其他	7	4.9

优化营商环境是一项长期而艰巨的任务,不仅要靠政府,还需要社会各界共同参与。本次调查中,民营企业家们根据自身及企业实际提出许多有针对性、实用性的建议,为继续优化营商环境助力。他们建议,当前阶段应通过继续落实减税降费、降低社保费用、降低办公场所租金和改进落户政策等配套措施,推进政务便利化并加强监管,降低人工成本,减少企业负担,加大对中小微企业扶持力度等将优化营商环境切实落实到位(见图 10 - 12)。

图 10 - 12　企业家对优化营商环境的建议词

三　资金与人才仍是企业关注的主要问题

资金与人才作为企业经营所必不可少的要素，始终是企业发展过程中最受关注的部分。据问卷主观题的词云图显示，"减税降费"与"人才引进"是出现频率较高的两大关键词。二成左右企业需要政府在融资渠道方面给予帮助。除此以外，另有 10 家企业认为中小微企业、民营企业需要得到国家政策支持（见图 10 - 13、图 10 - 14）。

图 10 - 13　主观题"国家哪些政策有待改进"词

图 10 - 14　主观题"企业近期急需哪些帮助或者服务"词

第四节　下一步发展建议

一　坚定信心应对中美贸易摩擦

一是继续深化改革、扩大开放，积极制定措施，落实"放管服"改革，为贸易便利化创造条件。坚定不移推进"一带一路"建设，将"一带一路"倡议同沿线各国发展战略更好对接并确保合作的可持续性。二是努力帮助民营企业寻找美国之外的其他合作伙伴。例如，帮助受影响的民营企业将贸易转向亚太地区、欧盟等，以减少中美贸易摩擦带来的影响。三是在中美经贸摩擦持续升级背景下，积极引导并帮助企业强化自主研发以及寻求技术替代源，为企业牵线搭桥，解决受影响企业的燃眉之急，坚定企业应对中美贸易摩擦的信心。

二　把优化营商环境推向纵深

一是优化政府服务水平，加强组织机构建设，加强自身监管、依法行政，避免违法执法，激发市场活力和企业创造力；二是加强政策宣传、培训和解读，建立政策宣传和信息反馈机制，尽量避免出现企业对政策一无所知的局面；三是聚集一批顶尖创新创业人才和团队，打造宜业宜居的人才环境。建立人才及团队的激励措施，做好公共服务及配套设施建设，尽量解决企业后顾之忧；四是加快落实减税降费相关政策，进一步为企业"减负"，增强企业和员工获得感，特别是对中小企业出台更多有针对性的优惠政策，对特殊行业进行补贴；五是降低企业用地成本，探索弹性年期出让等多种供地新方式，支持民营经济发展。

三　鼓励企业自主创新

一是鼓励企业继续加大研发资金投入和研发人员投入，也可通过为企业研发活动提供资金支持鼓励开展研发创新，提升核心竞争力，打造发展和竞争新优势；二是鼓励企业开展知识产权战略，注重知识产权保护，开展专利成果转化，对有市场前景的发明和实用新型专利给予重点扶持；三是鼓励企业积极参与或主导国内或国际标准制订，鼓励采用国际技术标准和国外先进技术标准组织生产，提高企业在国际市场的认可度和话语权；四是对企业的创新活动给予专项资金扶持，特别是创新活跃的中小微企业，引导企业自觉自主创新，以培育更多科技含量高、创新性强、知识产权清晰、技术处于国内外领先水平的创新项目；五是以行业龙头企业和重点企业为主，重点开展技术研究和交流合作，研发前沿技术，联合攻关核心技术，并对引进的国际领先技术进行消化吸收和再创新。

四　拓宽研发融资渠道，推进以成果为导向的研发

一是优化企业融资环境，拓宽中小企业融资渠道，制定和完善区域服务金融产业相关政策；二是引导金融机构面向科技型中小企业开展服务创新，引导商业银行积极向科技型中小企业提供系统化金融服务，拓宽融资渠道；三是建立以需求为导向的科技成果转化机制，推动企业发挥市场主体作用，带动高校、科研机构以及金融、投资等机构参与成果转化和技术创新，形成科技成果从研发到市场的有效通道。

五　从供需两方面为就业市场注入润滑剂

一方面，发挥政府的"平台"作用，积极开展各项公共就业服务专项活动。通过举办各类专项招聘会解决企业招工、劳动者求职等方面的困难。另一方面，加强劳动者技能培训，提升综合素质。注重针对有就业需求的工种开展技能培训，及时将市场用工需求转化为培训需求，丰富培训手段和方法，力求培训质量与时俱进，对于主动开展培训项目的企业以及积极考取各类技能证书的个人，给予适当补贴。

六　加大对企业开拓海外市场的扶持力度

一方面要加大涉外企业税费减免力度，减轻企业运营负担。持续开展外贸企业"一带一路"沿线国家考察，帮助企业进一步扩展海外市场，支持企业参加境外展会，可根据境外展会国别和地区给予境外展会展位费补助。另一方面要加强宣传培训，普及贸易救济和反垄断法律知识，提高企业应对国际贸易摩擦能力。同时，重视外贸人才建设，促进多元化投入发展外贸职业教育，加强开放型外贸人才资源开发。

七　加大对中小微企业的政策倾斜

小微企业是激发市场活力的重要主体，也是经济平稳运行的关键因素。但相对大企业而言，小微企业在企业经营中更容易面临资金筹措难的问题，更难抵御市场波动的风险，对营商环境政策的感知度也相对较低。基于此，政府一方面要加大对小微企业的政策扶持，在融资渠道、减税降费等方面给予支持。另一方面，为帮助企业更好地了解国家政策，应当从深度、广度两方面加大税务机关的宣传讲解力度，并针对企业财会人员的后续教育提供相应培训。

下一步还要坚定不移地实施创新驱动发展战略，深入推进供给侧结构性改革，切实优化营商环境，进一步减轻企业税费负担，精准扶持，继续降低企业成本，助力企业发展，增强企业信心，以企业的活力、市场的潜力、创新的动力，平衡、抵消、吸收外部环境变化带来的困难。

附 录

中共北京市委　北京市人民政府关于进一步提升民营经济活力促进民营经济高质量发展的实施意见

（2020 年 4 月 26 日）

为深入贯彻习近平总书记关于民营经济发展的重要指示和《中共中央、国务院关于营造更好发展环境支持民营企业改革发展的意见》精神，营造有利于民营企业健康发展长期稳定的市场化、法治化、制度化发展环境，推动民营企业创新、开放、规范发展，特别是减轻当前新冠肺炎疫情对民营企业的影响，支持和引导民营企业化危为机，结合本市实际，现提出如下实施意见。

一　进一步营造有利于民营企业公平竞争的市场环境

（一）持续完善市场准入和退出制度。全面清理市场准入负面清单之外违规设立的准入许可和隐性门槛，不得额外对民营企业设置准入附加条件。建立清理隐性门槛的长效机制，重点在教育、文化、体育、医疗、养老等社会领域加大清理力度。破除招投标隐性壁垒，不得对具备相应资质条件的企业设置与业务能力无关的企业规模门槛和明显超过招投标项目要求的业绩门槛。开展与企业性质挂钩的行业准入、资质标准、产业补贴等规定的清理工作。畅通市场化退出渠道，完善企业破产清算和重整制度，提高注销登记便利度。

（二）进一步放开民间投资领域。支持民营企业参与电力、电信、铁路等重点行业和领域改革，承接部分竞争性业务。支持民营企业参与交通、水利、市政公用事业等领域投资运营。支持民营企业参与医疗、教育、养老等领域建设和运营。支持民营企业参与老旧小区、商业区改造等城市更新项目。鼓励和引导民营企业积极参与新一代信息技术等十大高精尖产业集群建设。鼓励民营企业参与"三城一区"、北京城市副中心等重点项目建设。建立向民营企业推介项目长效机制，每年向民营企业发布推介项目清单。

（三）积极推进混合所有制改革。鼓励民营企业参与央企和市属国有企业混合所有制改革，提高民间资本在混合所有制企业中的比重。鼓励民营企业通过资本联合、产业协同、模式创新等参与国有企业重大投资、成果转化和资产整合项目，符合条件的民营企业可获得项目控制权。建立混合所有制项目发布机制，公开发布合作项目。

（四）实施公平统一的市场监管制度。规范行政执法行为，推进跨部门联合"双随机、一公开"监管和"互联网＋监管"，细化量化行政处罚标准。加强信用监管，进一步规范失信联合惩戒对象纳入的标准和程序，建立完善信用修复机制和异议制度，规范信用核查和联合惩戒。

二　持续营造平等公正保护民营企业合法权益的法治环境

（五）健全政府重诺守信机制。规范政府行为，保持政府行为的连续性、稳定性和一致性。建立政府诚信履约机制，依法履行在招商引资、政府与社会资本合作等活动中与民营企业依法签订的各类合同。建立政府失信责任追溯和承担机制，对造成政府严重失约行为的主要责任人和直接责任人依法依规追究责任。建立解决清理和防止拖欠账款长效机制，通过审计监察和信用体系建设，对拖欠民营企业、中小企业款项的责任人依法严肃问责。建立涉政府产权纠纷治理长效机制。

（六）健全司法对民营企业的平等保护机制。加强对民营企业和企业家合法财产的保护，加强对民营企业家在协助纪检监察机关审查调查时的人身和财产合法权益的保护，严格遵循罪刑法定、法不溯及既往、从旧兼从轻等法治原则处理民营企业涉嫌违法犯罪的行为。依法保护民营企业创新创业行为，对民营企业经营者在正当生产、经营、融资活动中发生的失误，不违反刑法及相关规定的，不得以犯罪论处。准确认定经济纠纷和经济犯罪的性质，严禁刑事执法介入经济纠纷。加强知识产权审判领域改革创新，落实知识产权侵权惩罚性赔偿制度。严格规范司法行为，依法慎重并严格按照法定程序使用查封、扣押、冻结等强制性措施，条件允许情况下可为企业预留必要的流动资金和往来账户。对民营企业经营者个人涉嫌犯罪，需要查封、扣押、冻结涉案财物的，及时甄别区分股东个人财产与企业法人财产。对于符合速裁程序和简易程序条件的涉及民营企业刑事案件，依法从速办理。

（七）完善社会化纠纷调解机制。健全民营企业产权保护社会化服务体系，发挥工商业联合会、行业协会商会、律师事务所在保护非公有制经济和民营企业合法权益方面的作用，优化北京民营企业维权服务平台，完善诉调对接机制。支持各区建立民营企业律师服务团等公益性法律服务组织，开展线上线下法律服务。

三　不断营造有利于激发民营企业生机活力的政策环境

（八）加快构建有利于民营企业资金融通的政策体系。落实优化金融信贷营商环境的政策措施。完善北京市企业续贷受理中心功能，探索建立面向小微企业的贷款服务中心，解决民营企业续贷难、贷款难问题。鼓励银行业金融机构开展无形资产抵押贷款业务，探索拓宽轻资产企业融资渠道。深化新三板改革，支持服务民营企业的区域性股权市场建设。支持符合条件的民营企业发行企业债、公司债、中小企业私募债、可转换为股票的公司债券。完善民营企业增信支持和金融服务体系，利用好市级融资担保基金，2020 年底前累计办理民营和小微企业票据再贴现不低于 500 亿元。开展民营和小微企业金融服务综合改革试点，试点期内对试点区每年给予 3000 万元的资金支持。加大政府投资基金对民营企业的支持力度。积极培育投资于民营科创企业的天使投资、风险投资等早期投资力量。

（九）不断完善有利于民营企业降成本的政策体系。全面落实国家各项惠及民营企业的减税降费政策。创新产业用地供地方式，新增产业用地通过弹性年期、先租后让、租让结合等多种供应方式，切实控制和降低用地成本。鼓励各区有效盘活闲置土地、厂房资源，为民营企业提供更多低成本发展空间。落实国家一般工商业电价降价政策，减轻企业用电负担。降低企业制度性交易成本，持续推动减事项、减材料、减时间、减跑动，推进全市政务服务"一门、一窗、一网、一号"改革，推动高频政务服务事项办理"最多跑一次"或"一次不用跑"。

（十）持续构建有利于形成亲清政商关系的政策体系。完善民营企业服务机制，坚持市、区领导走访服务企业制度，进一步完善重点企业"服务包"工作体系，兑现服务承诺。畅通企业反映诉求渠道，强化 12345 市民服务热线企业服务功能，对企业诉求的办理情况进行响应率、解决率和满意率考核。每年召开促进民营经济发展工作会议，营造重商亲商良好氛围。充分发挥行业协会商会服务功能，为民营企业提供政策宣传、需求调研、跟踪反馈和服务对接。健全涉及民营企业的政策评估制度，梳理并督促落实已出台的民营经济发展政策。建立营商环境监督员制度，建立政务服务"好差评"制度，开展企业对政府服务和营商环境评价。

（十一）建立完善应对疫情影响帮助企业化危为机的政策体系。制定实施恢复生产秩序和支持企业转型升级发展的政策措施，助力企业实现疫情当前少减速、疫情过后加速跑。加大对民营企业在纾困、融资、用工等方面的支持力度，引导民营企业用好用足援企稳岗政策、阶段性社保费减免政策、公积金缓缴政策。加强疫情期间援企政策效果的跟踪研判，实施效果好的在条件成熟时及时固化为长效机制。

四　引导民营企业创新发展

（十二）突出民营企业创新主体作用。鼓励民营企业开展原始创新、产品创新、技术创新、商业模式创新、管理创新和制度创新。鼓励民营企业独立或联合承担国家各类科研项目，参与国家重大科学技术项目攻关，参与国家产业创新中心建设。鼓励行业龙头民营企业建设应用基础研究机构，推动研发链条前移。鼓励民营企业开展关键核心技术攻关和自主研发，加快疫情防控关键技术和药品科研攻关。支持民营企业申请发明专利和国际商标。定期发布应用场景项目清单，鼓励民营企业参与人工智能、区块链、前沿材料、5G 等新技术新产品新模式在 2022 年北京冬奥会冬残奥会、北京城市副中心、北京大兴国际机场等国家和本市重大项目的应用场景建设。

（十三）完善促进民营企业创新发展支持机制。充分发挥首台（套）政策作用，助力制造业高质量发展。实施更加积极、开放的人才政策，对业绩贡献突出的民营企业高层次专业技术人员，允许通过"直通车"评审申报工程技术系列或研究系列正高级职称。加快建设创新创业集聚区，认真落实国家相关税收政策，对符合政策规定的孵化器、大学科技园和众创空间，免征房产税和城镇土地使用税，对其向在孵对象提供孵化服务取得的收入免征增值税。

五　引导民营企业开放发展

（十四）支持民营企业开拓国际市场。落实企业委托境外研究开发费用税前加计扣除、企业境外所得税收抵免等政策，切实减轻税收负担。鼓励科技型民营企业并购境外创新资源，在"一带一路"沿线国家建设研发中心、实验室。鼓励民营企业通过参加展会、开展境外品牌和知识产权认证等方式开拓国际市场。鼓励民营企业充分运用跨境电商等贸易新方式拓宽销售渠道，建立"海外仓"和海外运营中心。健全民营企业"走出去"信息、融资、法律、人才等支持服务体系，促进企业稳健开展境外投资，构建海外市场体系。

（十五）支持民营企业开拓区域市场。在京津冀地区，加快探索建立规划制度统一、发展模式共推、治理模式一致、区域市场联动的区域一体化发展机制，推动区域市场一体化建设。鼓励民营企业积极参与京津冀协同发展，发挥龙头和骨干民营企业作用，参与区域间产业升级、项目建设、联盟合作。深入推进国家供应链创新与应用试点，鼓励民营企业在京津冀地区布局产业链，鼓励京外民营企业利用首都创新资源禀赋完善创新链。

六　引导民营企业规范发展

（十六）引导民营企业守法守信。推动民营企业守法合规经营，增强民营企业实实在在做实业、筑牢守法底线的意识，督促民营企业依法经营、依法治企、依法维权，认真履行环境保护、安全生产等责任，在疫情期间严格落实防控责任。引导民营企业重信誉、守信用、讲信义，自觉强化信用管理，及时进行信息披露。推动民营企业积极履行社会责任，引导民营企业参与对口支援和帮扶工作，鼓励民营企业积极参与社会公益、慈善事业和疫情防控，对在疫情防控中发挥重要作用的民营企业给予关爱帮扶和宣传鼓励。加大对优秀企业家的培育和激励力度，制订企业家培育计划，从理想信念、行业发展、经营管理、政策法规等方面开展培训，对有突出贡献的优秀企业家，给予表彰和宣传。

（十七）引导民营企业提升能力。支持民营企业采取联合互助等多种方式提升危机应对能力。鼓励有条件的民营企业加快建立治理结构合理、股东行为规范、内部约束有效、运行高效灵活的现代企业制度。引导民营企业提高经营管理水平、完善内部激励约束机制，推动质量、品牌、财务、营销等方面的精细化管理。鼓励民营企业立足"四个中心"功能建设，强化统筹布局错位发展，促进科技文化深度融合，培育打造文化创意特色品牌。鼓励民营企业聚焦主业加快转型升级，因地制宜优化产业链布局。引导有实力的民营企业做优做强。鼓励引导中小民营企业"专精特新"发展，建立"专精特新"中小企业培育库。教育引导民营企业和企业家拥护党的领导，支持民营企业党建工作。指导民营企业设立党组织，提升民营企业党的组织和工作覆盖质量。

七　保障机制

（十八）建立促进民营经济发展的领导协调机制。加强党对民营经济工作的领导，建立促进民营经济高质量发展的联席会议制度，统筹解决民营经济发展相关问题。加强各部门统筹协调，发挥好经济和信息化部门中小企业资金和平台促进、发展改革部门民间投资项目推动、投资促进中心民间投资信息平台服务、工商联桥梁纽带、科技和商务等部门行业管理作用。

（十九）建立民营经济统计监测和工作评价机制。建立民营经济统计监测分析制度，定期发布全市民营经济发展报告。鼓励智库机构联合专业服务机构探索建立民营经济观测点，加强本市民营经济研究。建立民营经济促进工作评价机制，将支持和引导民营企业克服困难、创新发展方面的工作情况，纳入高质量发展绩效评价体系。

（二十）健全舆论引导和示范引领工作机制。加强舆论引导，坚决抵制、及时批驳澄清质疑基本经济制度、否定民营经济的错误言论。在各类评选表彰活动中，平等对待优秀民营企业和民营企业家。开展民营企业百强调研和发布工作，宣传民营企业发展贡献和履行社会责任情况，树立民营企业良好形象。

　　各区、各部门、各单位要充分认识提升民营经济活力、促进民营经济高质量发展的重要性，加强组织领导，完善工作机制，着力解决民营企业受疫情影响产生的困难，认真抓好本实施意见的贯彻落实。

参考文献

一 专著

李国荣：《民营企业管理创新探索》，上海财经大学出版社，2008。

莫娜·J. 加德纳（Mona J. Gardner）、迪克西·L. 米尔斯（Dixie L. Mills）、伊丽莎白·L. 库珀曼（Elizabeth S. Cooperman）：《金融机构管理：资产/负债方法》（第四版），刘百花、骆克龙等译，中信出版社，2005。

莉莎·布鲁姆（Lissa L. Broome）、杰里·马卡姆（Jerry W. Markham）：《银行金融服务业务的管制：案例与资料》（第二版），李杏杏、沈晔等译，法律出版社，2006。

二 期刊、报纸文章

周芳：《家族企业——民营企业生存和发展的重要形式》，《现代企业》2004 年第 4 期。

王扬、李茜、杨帆：《北京服装家族企业经营状况调查》，《现代商业》2008 年第 36 期。

梁晓雅、陆雄文：《中国民营企业的商业模式创新：基于权变资源观的理论框架与案例分析》，《市场营销导刊》2009 年第 3 期。

陈奕君：《基于马斯洛需求层次理论分析小米公司管理沟通案例研究》，《商场现代化》2018 年第 18 期。

邵宇：《充分发挥资本市场支持科技创新的作用》，《科技中国》2019

年第 2 期。

张新栋：《坚定信心抓住机遇 做大做强主导产业——关于新形势下促进民营经济高质量发展的实践与思考》，《周口日报》2019 年 10 月 29 日。

余东城、闻伟英、李长瑞：《推动科技型中小企业参与国防科技创新的政策体系研究——以美国经验做法为视角》，《科技与创新》2019 年第 23 期。

赵旭东、李新、蒲静兰、杜英：《略论美国的科技创新管理体系与环境》，《甘肃科技》2007 年第 1 期。

林勇明、邹晓梅、罗松山：《借鉴国际经验有效破解小微企业融资难题》，《中国经贸导刊》2019 年第 22 期。

鲍坤子：《中小企业迎难而上稳外贸》，《中华工商时报》2020 年 4 月 22 日。

陈凌：《为中小企业雪中送炭》，《人民日报》2020 年 4 月 20 日。

北京市房山区人民政府：《2.43 亿融资担保精准滴灌 48 家文旅餐饮中小企业复工复产》，《北京日报》2020 年 4 月 8 日。

陈莹莹：《定向帮扶 北京银行为小微企业送"雪中炭"》，《中国证券报》2020 年 4 月 20 日。

三 纲要文件、网络资料

中共中央、国务院：《京津冀协同发展规划纲要》，2015。

中共中央、国务院：《国家创新驱动发展战略纲要》，2016。

国务院印发：《北京加强全国科技创新中心建设总体方案》，2016。

市工商联：《2018 北京民营企业科技创新百强榜单和专项调研报告》。

市工商联：《2019 北京民营企业科技创新百强调研分析报告》。

张云：《美国的科技税法及其税收政策》，［EB/OL］．http://panbing75.bokee.com/viewdiary.12445106.html。

图书在版编目(CIP)数据

北京市促进民营经济发展研究 / 盛继洪主编 . --北
京：社会科学文献出版社，2020.12
ISBN 978 - 7 - 5201 - 7665 - 1

Ⅰ.①北… Ⅱ.①盛… Ⅲ.①民营经济 - 经济发展 -
研究 - 北京 Ⅳ.①F121.23

中国版本图书馆 CIP 数据核字（2020）第 264037 号

北京市促进民营经济发展研究

主　　编 / 盛继洪

出 版 人 / 王利民
组稿编辑 / 曹义恒
责任编辑 / 吕霞云　岳梦夏

出　　版 / 社会科学文献出版社·政法传媒分社（010）59367156
　　　　　　地址：北京市北三环中路甲29号院华龙大厦　邮编：100029
　　　　　　网址：www. ssap. com. cn
发　　行 / 市场营销中心（010）59367081　59367083
印　　装 / 三河市龙林印务有限公司

规　　格 / 开　本：787mm×1092mm　1/16
　　　　　　印　张：9.75　字　数：133 千字
版　　次 / 2020 年 12 月第 1 版　2020 年 12 月第 1 次印刷
书　　号 / ISBN 978 - 7 - 5201 - 7665 - 1
定　　价 / 68.00 元

本书如有印装质量问题，请与读者服务中心（010 - 59367028）联系

▲ 版权所有 翻印必究